MW00438120

# La Casa Gris

# La Casa Gris

*Todo lo que revela*
*el mayor escándalo obradorista*

RAÚL OLMOS

**Grijalbo**

El papel utilizado para la impresión de este libro ha sido fabricado a partir de madera procedente de bosques y plantaciones gestionadas con los más altos estándares ambientales, garantizando una explotación de los recursos sostenible con el medio ambiente y beneficiosa para las personas.

Penguin
Random House
Grupo Editorial

**La Casa Gris**
*Todo lo que revela el mayor escándalo obradorista*

Primera edición: junio, 2022

D. R. © 2022, Raúl Olmos

D. R. © 2022, derechos de edición mundiales en lengua castellana:
Penguin Random House Grupo Editorial, S. A. de C. V.
Blvd. Miguel de Cervantes Saavedra núm. 301, 1er piso,
colonia Granada, alcaldía Miguel Hidalgo, C. P. 11520,
Ciudad de México

penguinlibros.com

ISBN: 978-607-381-575-8

Impreso en México – *Printed in Mexico*

# Índice

# I

# El naufragio del discurso de austeridad

## Días de furia

El presidente estaba irreconocible. Como nunca se le ha visto en público. Furioso, lanzaba insultos al aire y golpeaba la mesa. Se quitaba y ponía los delgados anteojos que sólo usa en privado. Se sobaba la cara, de la barbilla a la frente, como suele hacer cuando algo le inquieta en extremo, y su mirada echaba lumbre. Su enojo era doble: por un lado, contra los que llamaba sus opositores, que habían exhibido en video la casona en Houston que habitaba su hijo mayor, y, por otro lado, con el propio José Ramón y con su pareja Carolyn, por descararse con un ostentoso estilo de vida que contradecía por completo el espíritu franciscano que a él le daba identidad. "¿Quién fue?", repetía colérico, ansioso por conocer la fuente que había aportado la pista de la llamada "Casa Gris". Las reuniones y reclamos iban del despacho presidencial a los salones de Palacio donde suele reunirse con su equipo. Jesús Ramírez Cuevas, su vocero, no atinaba qué decir. Su jefe de asesores, Lázaro Cárdenas Batel, apenas balbuceaba. "¿De dónde salió?", preguntaba, urgiendo a respuestas rápidas. Quería encontrar culpables, y muy pronto surgieron múltiples posibilidades. Lo primero que pensó el presidente fue en un traidor en Palacio. Su secretario, Alejandro

9

Esquer, alimentaba esa posibilidad, pues él mismo había sido exhibido semanas antes en un video que, suponía, había salido del círculo cercano al presidente. Pero Ramírez y Cárdenas sofocaron la idea del enemigo en casa. Seguramente era alguien dolido por haber sido relegado. Entonces repasaron los nombres de personajes que habían salido de su equipo de colaboradores: Julio Scherer, Santiago Nieto, Gabriel García Hernández, César Yáñez... "¿Quién?", repetía López Obrador. Luego se pensó en una posibilidad externa a Palacio. Y Ramírez alimentó la idea conspiratoria de que la filtración era parte de un golpe desde el extranjero. El famoso golpe blando que él y sus colegas de doctrina han cultivado en su imaginación. Y fue cuando entró a escena el canciller Marcelo Ebrard, a quien le llovieron reproches por no haber contenido la quimérica confabulación.

La furia del presidente se había desatado la misma noche del 27 de enero de 2022, cuando simultáneamente las plataformas de Latinus y de Mexicanos contra la Corrupción y la Impunidad (MCCI) dieron a conocer una investigación periodística que reveló un par de casonas, cada una valuada en un millón de dólares, que José Ramón López Beltrán —el hijo mayor del presidente— había habitado en Houston con su pareja Carolyn Adams.

Una de las fincas llamó de inmediato la atención de las audiencias: una residencia de dos pisos, con tejados de pizarra gris, acondicionada con salón de juegos, bar, cine privado y altos techos interiores de los que colgaban enormes candelabros, y que en la parte trasera contaba con una alargada alberca climatizada de 23 metros. Las imágenes de ese inmueble, que esa misma noche fue bautizado por los sorprendidos cibernautas como "La Casa Gris", se volvieron virales en minutos. La página de MCCI colapsó ante los miles de visitantes que buscaban conocer el video de la finca. En pocas horas el reportaje se había vuelto un fenómeno de audiencia. La mañana del 28 de enero ya era el número 1 de tendencia en Twitter y en esa posición se mantuvo durante varios días consecutivos. Eso desquició al equipo propagandístico del presidente, que no supo cómo reaccionar. La turba sectaria, acostumbrada a contrarrestar con frases hechas e insultos a quienes se atrevían a contradecir a su líder infalible, quedó muda, sin argumentos sobre cómo refutar las imágenes rotundas que evidenciaban una conducta distanciada por completo de la doctrina obradorista. Su repertorio de lugares comunes se volvió inútil; ya no pudieron reciclarlos para articular una defensa creíble. Lo peor vino después, al paso de los días, cuando López Obrador se descubrió desnudo, despojado por su propio hijo del manto de austeridad que lo arropaba a él y a los suyos. Entonces perdió el control de sí mismo. Se volvió iracundo. Golpeaba la mesa a la menor provocación. Reclamaba a todos sus colaboradores por no encontrar la forma de contener el escándalo y, sobre todo, porque nadie podía decirle con plena certeza el origen de la información. Quién había aportado los datos que nos habían conducido a Houston. Nombres, quería al menos un nombre del responsable. Cuando en el despacho presidencial se empezaba a percibir cierta calma, López Obrador supo de un video que circulaba en redes sociales en el que se veía a su hijo adolescente bailando junto a la alberca de "La Casa Gris". Esa imagen era demoledora: era la comprobación de que la casona había sido disfrutada no sólo por la pareja López-Adams. Y, además, era un indicio de que el inmueble era del conocimiento del propio presidente, por una razón muy obvia: él, como padre de familia responsable, tenía que haber sabido el sitio en el extranjero al que había viajado su hijo menor de edad y en dónde se había alojado. Y eso conduce a otro nivel de responsabilidad: sus servicios de inteligencia debieron detectar con mucha antelación —y haberlo alertado— sobre quién era el propietario de la casa que habitaba su hijo José Ramón. El Centro Nacional de Inteligencia, heredero de lo que fue el Centro de Investigación y Seguridad Nacional (CISEN), está obligado a identificar cualquier elemento de riesgo para el presidente. Es su deber. Y un rastreo elemental de los agentes del general Audomaro Martínez Zapata les hubiera permitido conocer que la casa pertenecía a un alto ejecutivo de una empresa contratista de Petróleos Mexicanos (Pemex), y que, por lo tanto, aquello representaba un potencial conflicto de interés, y una bomba mediática si llegaba al conocimiento de periodistas, como finalmente ocurrió.

Tras conocerse el video del hijo menor, hubo un encontronazo de sentimientos: del enojo desbordado se pasó a la preocupación y luego al pánico: había la certeza de que la persona o grupo que había hecho circular esas imágenes en redes sociales tenía en su poder más videos, y que era cuestión de días —quizá de horas— para que se dieran a conocer. Y fue entonces que se acordó una estrategia perversa: aniquilar moralmente al adversario, desprestigiarlo al extremo para restarle credibilidad a sus palabras. La figura pública del reportaje de "La Casa Gris" era Carlos Loret de Mola, director de Latinus, y sobre él se lanzaron inmisericordes las hordas tuiteras pro-AMLO, azuzadas desde la tribuna de Palacio por el propio presidente. Durante meses, López Obrador dedicó horas y horas a denostar a Loret, al punto de incurrir en actos ilegales, violatorios de la Constitución que juró defender. Su furia también la encaminó contra Mexicanos contra la Corrupción y la Impunidad, organización a la que pertenezco, a la que llegó al punto de acusarla de "traición a la patria" en la mañanera del 15 de febrero, porque —según él— nuestra labor periodística contribuye a socavar su proyecto político y de gobierno. "Llamar a alguien traidor a la patria es una acusación muy grave, es el señalamiento de un delito, y cuando es falso, es una calumnia inaceptable", respondió enérgica en aquel momento la presidenta de MCCI, María Amparo Casar. "Desde Palacio Nacional, el presidente de México nos acusa, sin fundamento, una vez más. No hacemos 'labor de zapa' en contra de su proyecto de gobierno. No trabajamos de manera oculta. Lo que hacemos es documentar las causas, los costos y las consecuencias de la corrupción, sea de quien sea y moleste a quien moleste, con el fin de erradicarla", apuntó Casar en su réplica. Los afanes del mandatario para debilitar la credibilidad de MCCI iniciaron desde los primeros días de su gobierno. De diciembre de 2018 a marzo de 2022 se refirió de manera injuriosa a la organización en 144 ocasiones desde la palestra de Palacio. De los dichos pasó a las acciones, y el presidente ha maniobrado para asfixiar financieramente a la organización. Sus ataques arreciaron luego de la publicación de "La Casa Gris", como parte del plan para debilitar —y si fuera necesario silenciar— la voz de sus críticos.

★ ★ ★

En los días y las semanas siguientes a la publicación del reportaje de "La Casa Gris", López Obrador perdió por primera vez en su sexenio el control de la agenda. Los temas que él buscaba colocar en el debate público se diluían ante el escándalo. Pero fue el propio presidente el que alentó que el eco mediático se expandiera. Durante tres meses tuvo una fijación sobre el caso Houston. Lo mencionaba una y otra vez en sus conferencias mañaneras. Parecía que no había otra preocupación que tratar de convencer a sus audiencias de que él era diferente a sus antecesores, a quienes había colgado la etiqueta de corruptos y fifís. "No somos iguales", se volvió la frase recurrente. Ésa era la idea que quería volver a sembrar en la mente de quienes lo escuchaban. Por eso reaccionó con ira cuando algunos articulistas hicieron un símil entre "La Casa Blanca" de Peña Nieto y "La Casa Gris" de su hijo. Buscaba recuperar la credibilidad sobre el discurso de austeridad y combate a la corrupción que fueron sus banderas desde el inicio de su gobierno. Porque si algo naufragó con la polémica generada con el estilo de vida de su hijo, fue la credibilidad en su prédica cotidiana a llevar una vida humilde, alejada del lujo, la ostentación y del culto al dinero. "Si ya tenemos unos zapatos, ¿para qué más?", solía decir. Palabras como ésas sonaban huecas luego de que millones de mexicanos conocieron las casas que había habitado el hijo del presidente en Houston, la más ostentosa con su alberca de 23 metros. Y las palabras de AMLO contra quienes él despectivamente llamaba "aspiracionistas" eran contradictorias con la imagen que su nuera y José Ramón proyectaban en sus redes y con la posición de ella —muy válida— de aspirar a lograr un estilo de vida como el del *jet set* en compañía del hijo del presidente. Las imágenes de la casona habían quedado fijas en la mente de la gente, y López Obrador ya se había dado cuenta de que no podría hacer nada para contener su difusión. Pero lo que sí podía hacer era denostar a los mensajeros para erosionar su credibilidad y desalentar futuras nuevas revelaciones sobre él, su familia y su círculo cercano. Y en eso concentró su estrategia.

## Los deslindes y la confirmación

Pocos habían advertido, en las primeras horas y días en que circuló el reportaje, que éste contenía un elemento todavía más explosivo que la mera presentación de un estilo de vida contradictorio al discurso presidencial. Ese elemento era el potencial conflicto de interés derivado de que el dueño de "La Casa Gris", Keith Schilling, era un alto ejecutivo de Baker Hughes, una empresa contratista de Pemex, y que, coincidentemente, un contrato multimillonario fue asignado a esa compañía casi a la par de que los López-Adams se mudaron a la casona de Houston. A esto se añadió el hecho de que la nuera de López Obrador, Carolyn Adams, había venido trabajando al menos en la última década en el sector petrolero, lo que abría el frente de un posible tráfico de influencias.

De manera que el debate sobre el caso se amplió, y los involucrados trataron de sacudirse de cualquier sospecha, pero con sus intervenciones confirmaron cada uno de los datos contenidos en el reportaje.

Los primeros en salir a escena fueron, de manera coincidente, el presidente López Obrador y la representación en México de Baker Hughes.

"Este fin de semana salió el escándalo de que un hijo mío, José Ramón, ya grande, de 40 años, casado, vivía en una residencia en Houston, queriendo equiparar, como diciendo: 'Son iguales, es lo mismo. ¿Dónde está la austeridad?'", dijo el mandatario en su conferencia mañanera del lunes 31 de enero. Con esas palabras, AMLO confirmó el primer dato del reportaje: que su hijo, efectivamente, había habitado "La Casa Gris".

El mismo día, por la tarde, Baker Hughes emitió un comunicado en el que confirmó otros dos datos fundamentales del reportaje:

1) Que el dueño de "La Casa Gris" era Keith Schilling, a quien la compañía identificó como "un exempleado".
2) Que Schilling trabajaba para la empresa en 2019, cuando la pareja López-Adams se mudó a la residencia en Houston.

El viernes 4 de febrero el propio Schilling confirmó que José Ramón López Beltrán fue su inquilino en su residencia en Houston entre 2019 y 2020, tal como lo había revelado el reportaje de MCCI y

15

Latinus, pero dijo que no tenía conocimiento previo de su identidad ni de que era el hijo del presidente de México.[1]

A la semana siguiente, el miércoles 9 de febrero, el director de Pemex, Octavio Romero Oropeza, confirmó otro dato de la investigación: que en agosto de 2019, cuando la pareja López-Adams ocupó "La Casa Gris", se otorgó un nuevo contrato a Baker Hughes por 85 millones de dólares.

La noche del domingo 13 de febrero salió a escena Carolyn Adams, quien también confirmó que habían ocupado la casa de Houston por un año, pero dijo que fue mediante una renta, y que para ello se recurrió a un agente inmobiliario con licencia, por lo que no trató ni conoció a Schilling.

Una semana después, el domingo 20 de febrero, José Ramón y Carolyn difundieron vía Twitter la carátula del supuesto contrato de arrendamiento y la copia de un cheque que amparaba el pago del primer mes de renta.

Ambos documentos contradicen la versión difundida anteriormente por Carolyn. El 13 de febrero aseguró que no conocía al arrendador, pero el nombre de Schilling aparece tanto en la carátula del contrato como en un cheque que emitió Adams en agosto de 2019 como primer pago por la renta de la casa.

Según Carolyn, por "La Casa Gris" pagó una renta mensual de 5 mil 600 dólares, equivalentes a 67 mil dólares al año (alrededor de un millón 344 mil pesos).

Las reglas de Texas establecen que el arrendatario debe demostrar el triple de ingresos respecto del monto de renta. Es decir, Carolyn debió comprobar ingresos por 16 mil 800 dólares mensuales o

---

[1] "Exejecutivo de Baker Hughes no sabía que su inquilino era hijo de AMLO", nota de David Wethe publicada el 4 de febrero de 2022 por la agencia Bloomberg.

200 mil dólares al año, que equivalen a alrededor de cuatro millones de pesos, monto que representa más del doble del sueldo de AMLO, el triple del sueldo promedio en Texas y dos veces lo que pagan las empresas del sector petrolero en Houston, como la propia Baker Hughes, según tabuladores consultados para esta investigación.

En la solicitud de arrendamiento, Carolyn debió anotar el nombre de la empresa para la que trabaja, el cargo que desempeña y su ingreso mensual, pero esa información fue ocultada. ¿Por qué? De las 16 páginas de que constan los contratos de ese tipo en Texas, sólo difundió uno. En los papeles que no difundió estaba la relación de los ocupantes de la vivienda[2] y ahí es donde debió aparecer el nombre de José Ramón.

Si en ese papel del contrato de arrendamiento viene el nombre del hijo de AMLO, se derrumba la versión de Schilling de que no conocía la identidad de su inquilino.

El 21 de febrero Baker Hughes presentó en las oficinas de Pemex el informe de una auditoría que la compañía encargó al despacho texano R. McConnell Group, con la cual se deslindó de cualquier conexión con "La Casa Gris" o con contratos obtenidos en forma indebida.

Todos los involucrados se deslindaron de conflicto de interés, tráfico de influencias o corrupción. Pero no les corresponde a los involucrados autoexonerarse. Están en curso investigaciones de las que hablaré ampliamente en el capítulo IV.

---

[2] Información mencionada en "El casero de Houston", columna de Peniley Ramírez publicada el 19 de febrero de 2022 en *Reforma*.

## El padrino en Texas; brota otro conflicto de interés

El domingo 13 de febrero José Ramón López Beltrán irrumpió en las redes sociales con un mensaje que daría un giro a la historia de "La Casa Gris". A las 9:25 de la noche escribió: "Mi situación laboral actual", con un vínculo a un documento subido a la plataforma de Scribd, que decía textualmente:

> En el año 2018 tomé la decisión seguir ejerciendo mi profesión de abogado, hasta que decidimos en familia mudarnos a los Estados Unidos. En la actualidad y desde el año 2020 trabajo como asesor legal de desarrollo y construcción para KEI Partners https://www.keipartners.com, una empresa privada en Houston a través de la cual recibí mi visa de trabajo TN. Soy un ciudadano privado, y no tengo injerencia alguna en el gobierno de México. Mis ingresos provienen al cien por ciento de mi trabajo en Houston. No hubo, ni habrá conflicto de interés. Les pido respeten mi vida privada y la de mi familia.

El comunicado de José Ramón abría paso a un nuevo posible conflicto de interés que, para colmo, salpicaba directamente a su papá. Y es que uno de los dueños de KEI Partners, la empresa texana que había "apadrinado" al hijo mayor de AMLO para obtener su visa y empleo en Texas, es hijo de Daniel Chávez Morán, empresario que colabora como supervisor honorario del Tren Maya y que ha obtenido permisos y ampliaciones de concesiones en la actual administración federal para proyectos del Grupo Vidanta, consorcio turístico del que es fundador.

KEI Partners es una empresa de desarrollos inmobiliarios que fue creada el 15 de octubre de 2018 en Houston,[3] un mes y medio antes

---

[3] Registro 0803142282 ante la Secretaría de Estado de Texas.

de que López Obrador asumiera la presidencia, y tiene como socios y directores a Iván Chávez Saúl, hijo de Daniel Chávez, y a las hermanas Érika Paola Chávez Campero y Karla Eliza Chávez Campero.

El propio López Obrador confirmó el lunes 14 de febrero en la mañanera: "Lo que se dio a conocer ayer o dio a conocer ayer José Ramón, de dónde trabaja, en efecto, es una empresa de los hijos de Daniel Chávez, que me ayuda como supervisión, honorífico, en el Tren Maya".

Las visas de trabajo TN —como la que en 2020 obtuvo el hijo del presidente— fueron creadas en 1994 para facilitar el traslado de profesionistas entre México, Estados Unidos y Canadá. Para gestionar la visa, un empleador debe entregar al solicitante una carta de oferta de empleo. En este caso, KEI Partners fue quien dio la carta a José Ramón. Lo apadrinó.

¿Por qué hay indicios de un nuevo conflicto de interés en este caso? Por las coincidencias de fechas de distintos hechos. Vea usted: Vidanta, el consorcio fundado por Daniel Chávez Morán, obtuvo en 2020 la ampliación por 15 años de una concesión para ocupar una playa y un permiso para construir un teleférico que conectará a dos de sus megaproyectos turísticos en Jalisco y Nayarit, y ese mismo año José Ramón López Beltrán obtuvo visa de trabajo en Estados Unidos, con la intermediación de una empresa en Houston del hijo del dueño de Vidanta.[4]

Más casualidades: el 1º de junio de 2020 López Obrador nombró al fundador de Vidanta su representante en la supervisión del Tren Maya, y al mes siguiente lo invitó a una cena en la Casa Blanca ofrecida

---

[4] "Amplía gobierno de AMLO concesiones de playa a Vidanta", investigación de Vanessa Cisneros y Mauricio Rubí, publicada el 16 de febrero de 2022 en MCCI y en *Reforma*.

por Donald Trump; casualmente, ese año el hijo del presidente obtuvo visa y empleo por gestión de un hijo del empresario amigo.

Las coincidencias tienen la apariencia de intercambios de favores, una conducta que podría derivar en tráfico de influencias.

## EL SOCIO DEL PATRÓN

José Ramón asegura que empezó a trabajar en Houston en 2020 para KEI Partners, después de que esa empresa de la familia Chávez le ayudó a obtener su visa de trabajo como profesionista. ¿De qué trabajaba antes si se había mudado a "La Casa Gris" desde mediados de 2019?

En el comunicado que emitió el 13 de febrero de 2022 dijo que el cien por ciento de sus ingresos provenían de su trabajo en Houston. Y antes de ese empleo, ¿cómo mantenía a su familia y a él mismo en un estilo de vida tan caro como el que llevaba en Texas, con una renta mensual que equivalía al sueldo neto de su papá como presidente? ¿O es que las aportaciones que recibió en las campañas electorales del partido Movimiento de Regeneración Nacional (Morena) en 2017 y 2018 le alcanzaron para ahorrar? ¿O la manutención la asumió por completo Carolyn, su pareja?

Los antecedentes laborales de José Ramón son difusos. Según ha contado él mismo, en 2006 laboró en el Juzgado Sexto Civil del Tribunal Superior de Justicia, y luego, a inicios de 2007, fue nombrado subdirector de Enlace Administrativo de la Procuraduría de la Ciudad de México, con un sueldo de 25 mil pesos mensuales, durante la jefatura de gobierno de Marcelo Ebrard.[5] Eso fue hace 15 años.

---

[5] "Hijo de AMLO: trabajo por mérito propio", nota de Icela Lagunas y Alberto Cuenca, publicada el 4 de julio de 2007 en *El Universal*.

José Ramón colaboró en las sucesivas campañas presidenciales de su papá y en septiembre de 2016 asumió la coordinación de Morena en el Estado de México, para apoyar en el armado de la estructura electoral de la candidata a la gubernatura Delfina Gómez, quien perdió en 2017 ante el abanderado del Partido Revolucionario Institucional (PRI), Alfredo del Mazo. No hay registros públicos en Morena ni en los informes al Instituto Nacional Electoral (INE) de pagos realizados al hijo de López Obrador en la campaña estatal o en la presidencial. O trabajó gratis o le pagaban en efectivo, con dinero de aportaciones.

Cuando su papá ganó la presidencia, José Ramón fue abordado por reporteros en el exterior de la casa de campaña en la colonia Roma, donde declaró: "En los seis años en los que va a estar él [López Obrador] no voy a trabajar en el gobierno. Yo voy a dedicarme a hacer otra cosa, todavía no sé a qué. Ya el tiempo lo dirá".

En junio de 2019, cuando su pareja Carolyn ya estaba en busca de una casa en Houston, José Ramón todavía se dio tiempo de realizar tareas políticas en México. El miércoles 5 de aquel mes participó en el arranque de centros de bienestar en municipios del Estado de México, que servirían para tramitar programas sociales del gobierno federal que encabeza su papá.[6] Y dos meses después de esa actividad se mudó a "La Casa Gris".

Su actual jefe en KEI Partners es Iván Chávez Saúl, quien se graduó en 2007, a los 22 años de edad, de la Escuela de Negocios Wharton, de la Universidad de Pensilvania. Se ha desempeñado como vicepresidente del grupo turístico fundado por su padre, aunque también ha emprendido negocios propios en Estados Unidos vinculados a los sectores inmobiliario y de servicios.

---

[6] "Acude hijo de AMLO a eventos sobre programas", nota de Érika Hernández, publicada el 5 de junio de 2019 en *Reforma*.

José Ramón es cuatro años mayor que su patrón Iván; nació el 30 de marzo de 1981 en Villahermosa, Tabasco, y egresó en 2006 de la Universidad de las Américas[7] de la Ciudad de México, cuando el rector de esa institución era Alejandro Gertz, actual titular de la Fiscalía General de la República. Según ha dicho el propio hijo de AMLO, en KEI Partners trabaja como asesor legal. Pero hay múltiples elementos que despiertan sospechas. El día que dio a conocer su empleo, un ejército de cibernautas ingresó a la plataforma de KEI Partners y descubrió que era un sitio creado apenas horas antes y con imágenes presuntamente "pirateadas" de distintas plataformas digitales.

El domicilio del supuesto trabajo de José Ramón está en la oficina 2250 de un edificio ubicado en el 4400 de Post Oak Parkway, en Houston. Ésa es la dirección registrada por KEI Partners. Pero ese mismo lugar es la sede de otras ocho empresas, entre ellas Interchavez Holding y Vaquero Strategy LLC, que han sido titulares de la marca Sweet Paris, una cadena de cafeterías y crepas que Iván Chávez ha instalado en distintas ciudades de Texas y que cuenta con una sucursal en el hotel Vidanta, en Nuevo Vallarta.

En realidad, Iván Chávez y José Ramón son más que patrón y empleado. Son de alguna forma socios en un negocio en particular. Resulta que los hijos de López Obrador (José Ramón, Andrés y Gonzalo) son dueños de Rocío Chocolates, una empresa que transforma, de manera artesanal, el cacao producido en la finca familiar de Teapa, Tabasco. Y la crepería Sweet Paris, de Iván Chávez, comercializa una bebida elaborada con el cacao producido por los hermanos López Beltrán.

La venta de la bebida Cacao Freeze, a un precio de 120 pesos, inició en el local de Sweet Paris en Nuevo Vallarta en agosto de 2020,

---

7 Cédula profesional 4845617 de Licenciatura en Derecho.

justo el año en que José Ramón se incorporó a trabajar para Iván Chávez. La expectativa es ampliar el mercado a las sucursales en Texas.

## TORMENTA EN HOUSTON

La escena es muy potente. Las aguas turbulentas zarandean a un navío ya resquebrajado por la tempestad, con el timón perdido, lejano de un capitán que atestigua atónito el naufragio; el solitario navegante se aferra a la proa rota, mientras una ola se levanta y amenaza con hundirlo; a lo alto del mástil —a punto de zozobrar— ondea una deteriorada bandera con la palabra "Austeridad".

La anterior escena no ocurre en mar abierto, sino en las aguas de la alargada alberca de "La Casa Gris"; corresponde a un cartón político que fue elaborado por el caricaturista Iván Valverde, conocido como Rictus.[8]

Con sus trazos, el dibujante logró sintetizar lo que representa para el presidente López Obrador la difusión de la ostentosa casona que habitó su hijo José Ramón en Houston: el naufragio de su discurso de austeridad.

La alberca de Houston también fue dibujada por el caricaturista Paco Baca, pero con fango e inmundicia en lugar de agua. En un extremo de la piscina se ve a AMLO hundido, con el lodo hasta el cuello, en una poderosa metáfora visual alusiva a la corrupción.[9]

Durante años —desde que era candidato y luego ya como presidente—, AMLO centró su discurso en dos temas: la austeridad y el

---

[8] "Naufragio", cartón de Rictus publicado el 1° de abril de 2022 en *El Financiero*.

[9] "Tan lejos de la orilla", cartón de Paco Baca publicado el 16 de febrero de 2022 en *El Universal*.

combate a la corrupción. Porque al ser austeros en el gobierno y combatiendo las prácticas corruptas, se podrían tener suficientes recursos para ayudar a la población más necesitada, a los millones de mexicanos a los que el neoliberalismo les arrebató oportunidades.

Su exhorto inicial a la austeridad estaba enfocado en los funcionarios públicos, pero ya instalado en el gobierno, ese llamado lo hizo extensivo a toda la población. Día tras día repetía su prédica de que la ostentación y el lujo eran ofensivos para quienes nada tienen. Así que lo mejor era vivir con modestia. "Si ya tenemos un par de zapatos, ¿para qué más?", dijo en una mañanera en mayo de 2020. "El dinero es como el diablo o el papá o la mamá del diablo, es una tentación, los enferma, no tienen llenadera",[10] dijo dos semanas antes de que se difundiera el reportaje de "La Casa Gris", que quedó en la memoria de la gente por su extravagante alberca de 23 metros. "Por lo general los corruptos son los más extravagantes, los más fantoches. Como no les costó obtener el dinero, lo derrochan, entonces ahí andan de ridículos",[11] había dicho en noviembre de 2020, cuando su llamado a vivir con modestia lo empezaba a hacer extensivo a la población en general.

Por eso cuando se conoció el estilo de vida que había llevado su hijo José Ramón en las casonas que había habitado en Houston, el discurso presidencial se volvió endeble. "Así vive en Houston el hijo mayor de AMLO", fue el título del reportaje publicado la noche del 27 de enero de 2022 en el portal de MCCI. "La lujosa vida del hijo de AMLO", tituló Latinus la versión en video. Las imágenes exponían la contradicción del cotidiano sermón obradorista. Por eso el presidente enfureció cuando vio el reportaje. Las fotografías del exterior y el

---

10 Conferencia mañanera del 10 de enero de 2022.
11 Conferencia mañanera del 6 de noviembre de 2020.

interior de la casona desmontaban su prédica franciscana. ¿Con qué cara saldría a pregonar a partir de ahora que el dinero es el diablo, si las casas que habitó José Ramón estaban valuadas, en conjunto, en dos millones de dólares, unos 40 millones de pesos?

Esa contradicción fue, precisamente, lo que atrajo la atención de los medios de prensa internacionales, los cuales retomaron de manera muy amplia la investigación periodística, como se muestra a continuación, en cinco ejemplos:

## THE WALL STREET JOURNAL:
## EL "HOUSTONGATE" PEGA EN EL CORAZÓN DEL DISCURSO DE AUSTERIDAD

El influyente periódico de finanzas *The Wall Street Journal* (*WSJ*) publicó el 22 de febrero de 2022 un amplio reporte de lo que llamó el "Houstongate", el cual, a su juicio, derivó "en una de las mayores crisis" del mandato de López Obrador. Al igual que hicieron otros medios de información extranjeros, el *lead* del informe periodístico se enfocó en las contradicciones entre el discurso de austeridad de AMLO y el estilo de vida ostentoso de su hijo José Ramón: "El presidente Andrés Manuel López Obrador, quien construyó su carrera como un cruzado anticorrupción y defensor de un estilo de vida austero, está en el centro de un escándalo por el uso que hizo su hijo mayor de una casa de lujo en Houston que entonces era propiedad de un ejecutivo petrolero que trabajaba para uno de los mayores contratistas de la petrolera estatal mexicana (Pemex)".

El reporte del *WSJ* alertó que "las revelaciones de que el hijo del presidente ha vivido en una casa de lujo van al corazón del llamado y el mensaje del presidente, de que él es diferente de los líderes mexicanos anteriores, quienes, según él, se enriquecieron a sí mismos y a sus familias a expensas de los pobres de México".

El diario neoyorquino recordó que la polémica se desató por un informe de Mexicanos contra la Corrupción y la Impunidad y Latinus, que encontraron que el hijo mayor del presidente y su pareja vivieron durante un año en una residencia en Houston, cerca del exclusivo distrito The Woodlands, valorada en alrededor de un millón de dólares, que contaba con "una piscina alargada" y un cine privado, y que pertenecía a Keith Schilling, un alto ejecutivo de Baker Hughes.

## THE ECONOMIST (REINO UNIDO): LA MANSIÓN DE HOUSTON AMENAZA CON CONVERTIRSE EN EL NUEVO SÍMBOLO DEL GOBIERNO DE AMLO

"AMLO ha hecho de la retórica contra la corrupción y la austeridad personal el significado simbólico de su presidencia. Ahora la mansión alquilada de su hijo amenaza con convertirse en su nuevo símbolo, y por eso arremete", advirtió Michael Reid en un artículo publicado el 19 de febrero de 2022 en el semanario británico *The Economist*.

Reid recordó que el discurso permanente de López Obrador, desde su campaña, era que luchaba para terminar con la corrupción, y que la fórmula para lograrlo era simple, pero efectiva: gobernar con el ejemplo.

"Tenía razón en que los mexicanos estaban hartos del crimen organizado y los escándalos que habían estropeado gobiernos anteriores. Desde que asumió el cargo en 2018, ha hecho de la austeridad personal un símbolo, aboliendo la guardia presidencial, saliendo de la espaciosa residencia oficial y volando por todo el país en clase económica. En gran parte como resultado, su índice de aprobación en las encuestas de opinión ronda el 60%."

Es por eso —añadió el articulista— que las recientes denuncias sobre su hijo mayor, José Ramón López Beltrán, "son potencialmente un cambio de juego para el presidente". Eso explica los constantes ataques a los periodistas, el medio y la organización que participaron en la investigación de la llamada "Casa Gris".

"Desde que saltó la noticia el mes pasado, en sus conferencias de prensa matutinas de varias horas ha seguido el libro de texto populista de distraer la atención inventándose enemigos del pueblo […] El riesgo para el presidente es que la mansión de Houston se convierta en el nuevo símbolo de su gobierno. Se esforzará mucho para evitar eso."

## THE FINANCIAL TIMES (REINO UNIDO): "LA CASA GRIS" CHOCÓ CON LA AUSTERA IMAGEN PÚBLICA DE LÓPEZ OBRADOR

El 2 de marzo de 2022 el periódico británico *The Financial Times* publicó un editorial titulado: "El líder de México debe aprender de sus errores", en el que se hacía referencia al escándalo por "La Casa Gris".

El texto del consejo editorial mencionó que el presidente de México "fue famoso por desafiar la gravedad política", pues situaciones adversas como "el crecimiento económico mediocre", "uno de los peores excesos de muertes por coronavirus en el mundo" y "los impactantes niveles de asesinatos relacionados con las drogas" no dañaron sus altos niveles de popularidad.

En opinión de los editores, la explicación a este fenómeno está en "el encanto campechano y realista" del presidente, su estilo de vida austero, el control de la agenda mediante las conferencias mañaneras y, sobre todo, su promesa de una ruptura total con la corrupción.

"Entonces, cuando se conoció la noticia de que el hijo mayor de López Obrador, José Ramón, había estado viviendo en una lujosa casa en Texas con un cine privado y una gran piscina, la noticia chocó con la austera imagen pública del presidente", advirtió el editorial de *The Financial Times*.

"Semanas después de las revelaciones iniciales, el presidente no logró sofocar el asunto de la 'Casa Gris' y sus índices de aceptación cayeron a su nivel más bajo desde que fue elegido, aunque todavía respetable 54 por ciento. La promesa de una investigación oficial no tranquiliza: el fiscal general ayudó a asesorar la campaña electoral del presidente."

*The Financial Times* consideró que el asunto de "La Casa Gris" le ofrece al presidente de México la oportunidad de repensar sus políticas y cumplir sus promesas electorales. "Si no lo hace, su proyecto de 'cuarta transformación' corre el riesgo de ser recordado como uno que arrastró a México de regreso a la década de 1960 en lugar de impulsarlo hacia el siglo XXI", concluyó el editorial del periódico británico.

## The Spectator (Reino Unido)
### La revelación de "La Casa Gris", una vergüenza para un hombre frugal

El periodista Toby Young, editor asociado de *The Spectator*, una prestigiada revista británica que circula desde 1828, publicó el 26 de febrero de 2022 un artículo titulado "México no es país para periodistas", en el que relató cómo se agudizó la hostilidad contra la prensa a partir de la publicación de "La Casa Gris" de Houston.

El articulista británico dijo que los periodistas controvertidos se exponen cotidianamente al riesgo de ser el blanco de una turba indignada en Twitter, como ocurrió tras la revelación de la casa que habitó el hijo del presidente.

"La mayoría de los corresponsales extranjeros con los que me encontré estaban indignados por el comportamiento reciente del presidente, Andrés Manuel López Obrador, conocido como AMLO. Desde que fue elegido en 2018, este populista de izquierda y amigo de Jeremy Corbyn ha hecho poco para ocultar su disgusto por los periodistas, y los critica regularmente por vender 'noticias falsas'. Este desprecio abierto por el cuarto poder sería preocupante en cualquier jefe de Estado latinoamericano, pero lo es particularmente en México porque más de 150 periodistas han sido asesinados desde el año 2000. Sin embargo, la hostilidad de AMLO hacia los medios se ha convertido en algo aún más siniestro en el último par de semanas."

Toby Young recordó que la hostilidad se agudizó a partir de que se reveló la historia de que el hijo mayor de López Obrador vivió en una mansión en Texas propiedad de un ejecutivo de Baker Hughes, una empresa petrolera que tiene contratos con el gobierno mexicano.

"Esto fue muy vergonzoso para AMLO, quien ha pasado años cultivando su imagen de fanático anticorrupción y hombre frugal del pueblo. No tiene cuenta bancaria, vuela en clase económica y le gusta comprar tacos en las esquinas […] ha reprendido a la gente por querer tener más de un par de zapatos o una tarjeta de crédito. Sin embargo, ahora surge que su hijo conduce un Mercedes blanco de 70 mil dólares."

En represalia —añadió el editor de *The Spectator*—, López Obrador reveló información confidencial de Carlos Loret de Mola, quien desde su espacio en Latinus contribuyó en difundir la investigación de "La Casa Gris".

"Esta revelación fue una violación de la privacidad y posiblemente ilegal, pero el presidente estaba desesperado por desacreditar la historia."

En México, peores destinos pueden ocurrirle a un columnista controvertido que ser el blanco de una turba indignada en Twitter.

## *LE MONDE* (FRANCIA):
### EL ESCÁNDALO DEL HIJO DEL PRESIDENTE SIEMBRA DUDAS DE PROMESA DE "GOBERNAR CON EL EJEMPLO"

El escándalo de "La Casa Gris" ha sembrado dudas sobre la promesa del presidente López Obrador de "gobernar con el ejemplo", de acuerdo con un reporte periodístico del periódico francés *Le Monde*, publicado el 28 de febrero de 2022.

El corresponsal Frédéric Saliba publicó que la reacción del presidente ante la revelación de la casa que ocupó su hijo en Houston fue que se trataba de una "estrategia mediática orquestada por grupos de interés golpistas", de una "guerra sucia" contra su gobierno.

*Le Monde* refirió que el escándalo comenzó a finales de enero con la publicación de la investigación periodística de Mexicanos contra la Corrupción y Latinus "sobre una imponente casa con techo de pizarra, plantada en un suburbio de clase alta de Houston", valuada en un millón de dólares, que cuenta con una piscina de 23 metros y una sala de cine, y que el mayor de los hijos del presidente ocupó entre 2019 y 2020 con su pareja e hijo.

La publicación francesa contrastó el estilo de vida del hijo con el del presidente de México: "El hombre apodado 'el presidente de los pobres' encabeza, desde su triunfal elección en 2018, una cruzada contra la corrupción y los privilegios de los poderosos, en un país donde uno de cada dos mexicanos es pobre. En su austeridad redujo notablemente los salarios de los altos funcionarios, incluido el suyo propio, a quienes se les pidió que mantuvieran un perfil bajo".

## Los aspiracionistas

El discurso de López Obrador a favor de llevar una vida modesta estaba dirigido inicialmente a los colaboradores de su gobierno. Pero conforme avanzó el sexenio, lo hizo extensivo a la sociedad en general, en sus prédicas cotidianas: "El lujo, la ostentación, es de mal gusto, es ofensivo; y si nos podemos alejar de eso, mejor".[12]

A aquellos que buscaban escalar en su posición social o acumular bienes, les puso un calificativo: "aspiracionistas".

"Este asunto de la corrupción es un problema que se fue creando por la ambición al dinero, por lo material, y también el sistema de vida aspiracionista", dijo el 21 de mayo de 2019 en Palacio Nacional, cuando utilizó por primera vez ese adjetivo, el cual se volvería recurrente como una de las etiquetas que solía colgar a los que no compartían su forma de gobernar.

En enero de 2020 propició un debate cuando criticó a quienes lograban salir de la pobreza y, al paso de los años, se mudaban de barrios populares a zonas residenciales. "Gente de abajo que fue estudiando por el esfuerzo de sus padres y de repente llegan arriba, aspiracionistas, y de vivir con humildad, pero con mucha dignidad, empiezan a vivir ya en grandes residencias."[13]

Llamó "acomplejados" a aquellos que, "siendo aspiracionistas", anhelan vivir con lujos.[14]

Y definió así el "aspiracionismo": "Triunfar a toda costa, sin escrúpulos morales de ninguna índole, 'la Cheyenne, apá', el lujo

---

[12] Discurso del 6 de octubre de 2021.
[13] Conferencia mañanera del 6 de enero de 2020.
[14] Mensaje del 5 de marzo de 2021.

barato, la ropa de marca, las alhajas [...] el querer ser como don Fulano, don Mengano".[15]

Desde la tribuna presidencial, exhortó a los padres de familia a predicar con el ejemplo, "a que piensen en sus hijos y ayuden a moralizar la vida pública"[16] y, así, desalentar ese estilo de vida: "¿Qué es lo que tenemos que hacer? Fortalecer valores, evitar la desintegración de las familias, influir para que no sea lo material lo que prevalezca, lo que hemos dicho aquí, el lujo barato, la ropa de marca, el carro último modelo, las alhajas, todo eso, superfluo".[17]

Tras las elecciones intermedias de junio de 2021, en las que Morena perdió la mayoría calificada en el Congreso y la mitad de las alcaldías en la Ciudad de México, AMLO arremetió contra integrantes de la clase media, a los que atribuyó la derrota de su partido: "Hay un sector de la clase media que siempre ha sido así, muy individualista, que le da la espalda al prójimo, aspiracionista, que lo que quiere es ser como los de arriba y encaramarse lo más que se pueda, sin escrúpulos morales de ninguna índole, partidarios de que el que no transa no avanza".[18] Y vinculó el aspiracionismo con el neoliberalismo y la formación de una clase media egoísta, clasista y racista.[19]

Como si fuera un predicador, repetía cada vez con más frecuencia su llamado a los jóvenes "para que no se vayan por el camino equivocado" y "que no se dejen engañar, manipular, influenciar por el consumismo, por el lujo barato [...] lo material, el dinero, la ropa de marca, el carro último modelo, todo eso que es efímero".[20]

---

[15] Discurso del 5 de mayo de 2021.
[16] Discurso del 2 de julio de 2021.
[17] Conferencia mañanera del 21 de mayo de 2021.
[18] Discurso del 14 de junio de 2021.
[19] Mensaje del 16 de agosto de 2021.
[20] Conferencia mañanera del 16 de octubre de 2021.

Los mensajes contra la ostentación ya no aludían sólo a los funcionarios de su gobierno, sino a toda la población. "¡Cómo vamos a seguir con ese modelo de vida! Eso no nos conviene a nadie y menos estar fomentando esa forma de vida en los jóvenes, donde lo material es lo más importante."[21]

Desde diciembre de 2018, mes en que tomó posesión como presidente, hasta el 31 de marzo de 2022, López Obrador expresó mil 015 veces la palabra *austeridad* en 820 conferencias mañaneras realizadas en ese lapso. Prácticamente todos los días habla del tema.

Con frecuencia sus discursos en la mañanera han tomado el tono de un sermón, como cuando dijo que de la austeridad dependía la felicidad verdadera. "El lujo barato es efímero, produce felicidad efímera, no permanente",[22] condenó. "La felicidad, no hay que olvidarlo, es estar bien con uno mismo, estar bien con nuestra conciencia y estar bien con el prójimo, ésa es la verdadera felicidad, no lo material."[23]

AMLO dice estar convencido de que "la austeridad no es un asunto administrativo, sino de principios",[24] por lo que su exhorto es que TODOS los mexicanos lleven un estilo de vida austero.[25] Y ese TODOS incluye, por supuesto, a su propia familia.

## EL MENSAJE PRESIDENCIAL QUE NO HIZO ECO EN HOUSTON

Al final de una gira de dos días por Tamaulipas, en septiembre de 2019, el presidente de México se detuvo en el hospital rural de la

---

[21] Mensaje del 12 de octubre de 2021.
[22] *Idem.*
[23] Discurso del 6 de octubre de 2021.
[24] Mensaje del 20 de enero de 2022.
[25] Discurso del 8 de noviembre de 2021.

localidad de Soto La Marina, para dirigir un mensaje a los jóvenes reunidos en el lugar: "Sólo siendo buenos podemos ser felices, la felicidad no es acumular bienes materiales, no es acumular dinero". El lujo —les dijo— es felicidad pasajera, efímera, transitoria; el lujo "no conduce a nada bueno".[26]

Unas semanas después, a finales de septiembre de aquel año, López Obrador repitió un discurso idéntico, pero ahora dirigido a jóvenes de Coahuila, durante una visita a un hospital en la periferia de la región lagunera. "La felicidad no es tener dinero o hacer riqueza",[27] enfatizó. "Eso es lo que vamos a difundir mucho en los medios."

Mientras AMLO replicaba en sus giras por el norte del país su mensaje contra la ostentación y a favor de la austeridad como fórmula para lograr la felicidad verdadera, su hijo José Ramón estrenaba una residencia en Houston que —en los hechos— contradecía el discurso presidencial.

Carolyn Adams, pareja de José Ramón, había acordado con Keith Schilling —en ese momento uno de los vicepresidentes de la compañía Baker Hughes— que ocuparía su residencia en la localidad de Conroe, al norte de Houston, a partir de agosto de 2019, aunque la mudanza se realizó hasta septiembre.

La llamada "Casa Gris", valuada en más de un millón de dólares, representaba el estilo de vida de ostentación y lujo que tanto decía repudiar López Obrador.

Pero eso parecía no importarle a José Ramón y mucho menos a Carolyn, quien en sus redes sociales confesaba que aspiraba a vivir al estilo del *jet set*, la élite de los más ricos de los ricos. López Obrador

---

[26] Discurso en el hospital rural de Soto La Marina, del 8 de septiembre de 2019.

[27] Discurso en el hospital de la localidad de Matamoros, Coahuila, del 27 de septiembre de 2019.

recorría el país repitiendo sin cesar su prédica de que la felicidad no está en el dinero, ni en los lujos, ni en los vehículos último modelo,[28] al tiempo que su hijo estrenaba una camioneta Mercedes Benz con valor de 73 mil dólares equivalentes a 1.5 millones de pesos, que conducía por Texas, y su nuera posaba junto a la alberca de 23 metros de largo ubicada en la parte trasera de la casona.

El 11 de mayo de 2020, cuando José Ramón y Carolyn cumplían ocho meses de estar ocupando "La Casa Gris", López Obrador pronunció un extenso mensaje en Palacio Nacional en el que de forma muy enfática pidió a los mexicanos asumir un estilo de vida austero. Ese día su discurso se fue al extremo, al exhortar a que no se aspire a tener más allá de un par de zapatos.

> Nosotros en general tenemos que buscar la austeridad, comprar lo que necesitamos, no consumir de manera enfermiza. Si ya tenemos zapatos, ¿para qué más? Si ya se tiene la ropa indispensable, sólo eso; si se puede, tener un vehículo modesto para el traslado. ¿Por qué el lujo? Claro, somos libres, pero ya no es el tiempo en que como te veían te trataban; ahora es al revés, ve uno a una persona así muy extravagante y hasta se aleja uno.[29]

En aquella ocasión AMLO parafraseó el siguiente fragmento del poema "Asonancias", de Salvador Díaz Mirón, con el que buscó reforzar su exhorto de llevar una vida austera:

> Sabedlo, soberanos y vasallos,
> próceres y mendigos:

---

[28] Discurso del 14 de diciembre de 2019, en una asamblea ejidal en Tabasco.
[29] Conferencia mañanera del 11 de mayo de 2020.

> nadie tendrá derecho a lo superfluo
> mientras alguien carezca de lo estricto.

López Obrador intentó hilvanar el contenido del poema con la afirmación de que México es de los países que más consume artículos de lujo en el mundo, pese a que hay mucha pobreza "y una monstruosa desigualdad social". Para "buscar una sociedad más justa, más igualitaria", exhortó a todos a "que no haya derroche, que no haya ostentación, que se le baje al consumismo, a las extravagancias, que se disminuya la frivolidad y que México sea un ejemplo de austeridad, de sobriedad".[30]

Se trata —dijo en ese entonces el presidente— de adoptar la austeridad "no sólo como forma de gobierno, sino como forma de vida". Este llamado estaba dirigido no a sus funcionarios, sino a la población en general. Pero el mensaje no encontró eco en Houston.

## ¿QUIÉN POMPÓ LA MANSIÓN?

Chico Che fue un músico originario de Villahermosa, Tabasco, muy popular en la década de los ochenta por la canción "Quién pompó", que en su época de auge se escuchaba sin cesar en los bailes y en las estaciones de radio. La letra era muy simple: el cantante le preguntaba a una mujer, que describía como muy bonita, quién le había comprado sus zapatos, su vestido y su auto. Y el estribillo repetía sin cesar: "¿Quién pompó?", que era una forma coloquial de decir "¿Quién compró?"

---

[30] Conferencia mañanera del 19 de mayo de 2020.

López Obrador con frecuencia ha retomado la canción de su paisano para referirse en tono irónico a quienes se enriquecen de la noche a la mañana.

Así lo hizo, por ejemplo, cuando en enero de 2021 contó la anécdota de un político muy famoso —del que no dio su nombre— que estudió en escuelas públicas, "ahí de gente humilde", y tras hacer carrera terminó viviendo en una residencia en las Lomas de Chapultepec. "¿Cómo fue eso? ¿Cómo le hizo? [...] Ahora sí que como diría Chico Che, ¿quién pompó?, ¿de dónde salió la casa de las Lomas?", cuestionó en tono burlón.

Desde que era candidato, AMLO cuestionaba las residencias en las que vivían los políticos y consideraba que su ostentosa forma de vida era una señal inequívoca de corrupción.

"El que está muy mal es el que llega a un cargo público a enriquecerse y se queda con el dinero que es del pueblo y luego actúan como acomplejados, necesitan vivir en mansiones" de mil 500 metros cuadrados,[31] declaró el 29 de julio de 2019, justo cuando su nuera Carolyn negociaba en Houston una residencia construida sobre un terreno de 2 mil 500 metros cuadrados,[32] una superficie mayor que la casa con la que su suegro ejemplificó la ostentación de la clase política.

"En los últimos tiempos, sobre todo en el periodo neoliberal, se fomentó mucho desde arriba la corrupción, y era robar sin recato y nadie era castigado; no sólo eso, se les aplaudía, se les consideraba como muy inteligentes, muy audaces, muy vivos, hasta presumían inmediatamente las mansiones, los departamentos en Estados Unidos", había dicho días antes López Obrador.[33]

---

[31] Conferencia mañanera del 29 de julio de 2019.
[32] *Idem.*
[33] Conferencia mañanera del 6 de julio de 2019.

Mensajes similares, de rechazo a las mansiones de los políticos, los repitió constantemente en los primeros tres años y medio de su sexenio. López Obrador atribuía la compra de inmuebles en el extranjero a la astucia para robar. "Ah, qué vivo era, qué audaz, cómo supo colarse, cómo prosperó, si lo conocí viviendo en un departamento en una unidad habitacional y ahora vive en una mansión en las Lomas de Chapultepec; si fue a la escuela conmigo, a la primaria, estudiamos juntos en la escuela pública y ahora ya tiene departamento hasta en Nueva York y en Miami",[34] expresó en noviembre de 2020, al recrear el caso de un político corrupto del que tampoco dio su nombre.

"Hay muchos que durante tanto tiempo de predominio de la corrupción pensaron que era normal; 'a ver, vamos a hacer negocios, éste es muy listo, muy abusado, ya se compró una casa grande y tiene unos carros último modelo, ya hasta tiene departamento en Miami'",[35] recreó en agosto del año siguiente un soliloquio sobre otro político corrupto del cual una vez más no aportó su identidad.

Cuando aludía a las mansiones, con frecuencia recurría con sorna a la frase del cantante tabasqueño. "Todos estos personajes de la noche a la mañana se enriquecen, ahora sí que como decía mi finado paisano Chico Che, 'quién pompó', ¿de dónde las casas y los departamentos?"[36]

Nueve días antes de que se difundiera el reportaje de "La Casa Gris", López Obrador criticó a un exdirector del Instituto de Seguridad y Servicios Sociales de los Trabajadores del Estado (ISSSTE) y a un líder sindical (de los cuales no dio nombres) porque poseían mansiones en el extranjero. "Ésa era la corrupción que imperaba", dijo.[37]

---

34 Conferencia mañanera del 5 de noviembre de 2020.
35 Conferencia mañanera del 16 de agosto de 2021.
36 Declaración del 2 de enero de 2020.
37 Conferencia mañanera del 19 de enero de 2022.

Su discurso contra las mansiones de los políticos perdió credibilidad cuando en enero de 2022 se conoció "La Casa Gris" que había ocupado en Houston su hijo José Ramón, quien, en estricto sentido, era un político, pues al menos de 2012 a 2018 se había dedicado a tareas proselitistas en apoyo a construir la estructura electoral que llevó a la presidencia a su papá. Del modesto departamento de dos recámaras y 76 metros cuadrados que ocupaba en Copilco, José Ramón saltó a una residencia en Houston con un terreno de 2 mil 500 metros cuadrados y una construcción de 447 metros cuadrados, con sala de cine, sala de juegos y bar.

José Ramón y su pareja Carolyn han asegurado que esa casa en Houston la rentaban al equivalente de más de un millón 300 mil pesos al año.

Antes de que se conociera la existencia de "La Casa Gris", López Obrador también criticaba a los políticos que rentaban mansiones.

"Venían de abajo y muy acomplejados, lo primero era comprarse una mansión, departamentos en el extranjero, bueno, si no la compraban rentaban la mansión", declaró AMLO el 7 de agosto de 2019, el mismo mes en que su nuera Carolyn asegura que pagó la primera renta mensual de 5 mil 600 dólares, equivalentes a 112 mil pesos, por la casona en Houston.

## ENTRE DOS BODAS Y "UNA BAÑERA":
### EL DOBLE DISCURSO PRESIDENCIAL

Santiago Nieto se asumía como una especie de zar anticorrupción de la Cuarta Transformación (4T). Con un equipo de colaboradores de toda su confianza, había abierto decenas de expedientes, cada uno con enormes y detallados mapas de conexiones y operaciones financieras, en las que anotaba los nombres de personajes, empresas e instituciones investigadas por ser sospechosas de haber incurrido en los llamados "delitos de cuello blanco", como lavado de dinero, evasión fiscal, tráfico de influencias, malversación de fondos públicos y cohecho. Nieto ponía especial atención en seguir los tres últimos ilícitos, pues se trataba de conductas delictivas vinculadas con la corrupción y, por tanto, eran del interés particular del presidente de México.

Desde que López Obrador asumió la presidencia, tomó a Nieto como su fiel escudero y, como tal, le exigía resultados lo más rápido posible para cumplir con las elevadas expectativas que se habían generado en la población sobre su tan cacareada cruzada anticorrupción.

Fue así como en enero de 2019 —cuando el gobierno de AMLO apenas había cumplido un mes— Nieto entregó, como director de la Unidad de Inteligencia Financiera (UIF), los primeros resultados de alto impacto mediático: rastreó y congeló más de 30 cuentas bancarias de personajes y empresas ligadas con el huachicoleo o robo de combustible. No se trataba de simple delincuencia organizada; detrás había supuesta colusión de altas autoridades del anterior sexenio. Apuntaba, por ejemplo, a mandos militares y al exdirector de Pemex, Emilio Lozoya, con el que Nieto tenía hondas diferencias personales.

Nieto contribuyó en documentar las operaciones financieras de otros casos que eran de particular interés del presidente, porque apuntaban hacia sus adversarios, como la trama de corrupción de Odebrecht, en la que involucraba no sólo a Lozoya como receptor de sobornos, sino además a exlegisladores de oposición y al excandidato presidencial Ricardo Anaya; la pesquisa contra Genaro García Luna, que salpicaba de paso al expresidente Felipe Calderón, y la indagatoria contra el ministro Eduardo Medina Mora, quien fue orillado a renunciar a la Suprema Corte de Justicia de la Nación por acusaciones que al final resultaron infundadas.

Nieto le endulzaba el oído a AMLO con lo que presumía eran notables avances en el combate a la corrupción, pero muchas de sus investigaciones se caían al paso de los meses por la falta de solidez. En ocasiones los vínculos de ilícitos que trazaba en sus mapas eran suposiciones o simples menciones de viejas notas periodísticas. La inacción de la Fiscalía General de la República frente a algunos de los casos que había armado derivó en un rompimiento con el fiscal Alejandro Gertz.

No obstante, de entre los colaboradores de AMLO, Nieto era el que le aportaba más resultados mediáticos, por su peculiar afán de ventilar las indagatorias incluso antes de ser concluidas, para que pronto encontraran eco en los medios de comunicación. La estrategia le había funcionado y ante la feligresía de la 4T era visto como uno de los funcionarios más eficientes. Nieto servía a los intereses de AMLO y eso le daba certeza de que continuaría en su equipo a lo largo del sexenio.

Sin embargo, en el primer fin de semana de noviembre de 2021 ocurrió una serie de sucesos que propiciaron su caída.

La tarde del 5 de noviembre de aquel año un avión particular aterrizó en el aeropuerto internacional La Aurora, de Guatemala, con 10 viajeros a bordo. Cuando agentes de aquella nación centroamericana hicieron una revisión de rutina, encontraron que una de las pasajeras llevaba consigo, en un bolso de mano, 35 mil dólares en efectivo. Eso prendió señales de alerta de las autoridades, ya que la ley antilavado establece un tope de ingreso a ese país de 10 mil dólares sin declarar, así que de inmediato se procedió a indagar quiénes eran los ocupantes de la aeronave y la procedencia del dinero. Fue así como se supo que todos iban como invitados a una boda que al día siguiente se realizaría en la ciudad de Antigua, a 25 kilómetros de la capital guatemalteca.

Uno de los pasajeros era el dueño de *El Universal*, Francisco Ealy Ortiz, quien aclaró que los 35 mil dólares que llevaba consigo su asistente personal eran para pagar un tratamiento médico en Estados Unidos, país al que volaría al día siguiente de la boda a la que había sido invitado.

En la aeronave viajaba, además, la secretaria de Turismo de la Ciudad de México, Paola Félix Díaz, así como el productor Alejandro Gou, contratista del gobierno capitalino.

Las noticias tanto del hallazgo del dinero como de los ocupantes de la aeronave se conocieron muy pronto en los medios de comunicación de México. El hecho de que Paola Félix hubiera viajado en un vuelo privado en compañía de un contratista de la dependencia que encabezaba despertó sospechas de corrupción, así que la funcionaria se vio orillada a renunciar. "El problema de ella fue haberse subido a este avión privado y nosotros viajamos de manera austera", justificó la jefa de gobierno Claudia Sheinbaum.

Los ocupantes de la aeronave habían viajado a Guatemala para asistir el sábado 6 de noviembre a la boda de Santiago Nieto y la consejera electoral Carla Humphrey, que se realizaría en el hotel Santo Domingo, en la ciudad de Antigua.

El mayor escándalo estaba apenas por venir. Contrario al discurso de austeridad de López Obrador, los novios organizaron una boda en la que "echaron la casa por la ventana",[38] con 300 invitados, a los que se ofreció champaña Möet Chandon y una cena que consistió en una entrada de esfera de carpaccio con aguacate y tártara de atún; ravioles rellenos de queso brie y sorbete de limón, y de plato fuerte, un asado de tira y róbalo crujiente.[39] La fiesta terminó después de las cin-

---

[38] "Echaron la casa por la ventana", nota de la redacción publicada el 7 de noviembre de 2021 en *Reforma*.

[39] "Querían Nieto y Humphey boda discreta", nota de la redacción publicada el 7 de noviembre de 2021 en *Reforma*.

co de la mañana, y los convidados tuvieron a su disposición transporte terrestre a sus hoteles, además de la posibilidad de utilizar helicóptero a la ciudad de Guatemala.[40]

Entre los asistentes no había ningún integrante del gabinete, pero sí una variedad de políticos de Morena, del Partido Verde, del PRI, del Partido del Trabajo (PT) y hasta del Partido Acción Nacional (PAN).

El lunes 8 de noviembre el presidente López Obrador se mostró contrariado con la ostentación exhibida en la boda. "Es un asunto escandaloso, en efecto —dijo—. Hay que recomendarles a los servidores públicos que actúen con moderación, con austeridad."

Ese mismo lunes por la tarde, cuando iba camino a Nueva York, en donde participaría en la asamblea del Consejo de Seguridad de la Organización de las Naciones Unidas (ONU), López Obrador tomó la decisión de cesar a Santiago Nieto; como se acostumbra en el servicio público, el director de la UIF dijo que él había decidido renunciar.

Al regresar de su viaje a Nueva York, AMLO confesó que el cese de Nieto había sido por el derroche mostrado en su boda. "No podemos tolerar ningún acto de extravagancias, ningún acto que vaya en contra de la austeridad republicana —dijo el 11 de noviembre en una gira por Colima—. Nada de lujos, de extravagancias, porque la gente está harta de eso." En estos tiempos, dijo, "así como la humildad es poder, también la buena fama pública es poder".

Aquélla no era la primera vez que López Obrador tomaba una acción radical contra un colaborador que se había salido del discurso de la austeridad. A inicios de octubre de 2018, a dos meses de que iniciara el nuevo gobierno, César Yáñez, uno de los más cercanos colaboradores de AMLO desde que fue jefe de gobierno, se casó en

---

[40] "Una boda en cinco tiempos", nota de la redacción publicada el 8 de noviembre de 2021 en *Reforma*.

Puebla con la empresaria Dulce María Silva Hernández. La celebración con 600 invitados fue fastuosa, según mostró la revista *¡Hola!*, que le dedicó la portada y 19 páginas al enlace matrimonial.

Yáñez se perfilaba para ser el coordinador de política y gobierno del presidente, pero López Obrador lo vetó; no lo despidió, pero lo arrinconó en una solitaria oficina en Palacio Nacional, donde es un hombre gris, sin injerencia en decisiones de relevancia. "Es como si estuviera de aviador, no hace nada", me confió uno de los informantes de Palacio. "Ya ha intentado renunciar cuatro veces, pero teme que le bloqueen otras oportunidades de trabajo fuera de la Presidencia", me dijo uno de sus excolaboradores.

Cuando brotó "La Casa Gris" se evidenció que José Ramón López Beltrán llevaba un estilo de vida de lujo, ostentación y extravagancia (¿qué más extravagante puede haber que una alberca de 23 metros en el patio?). Y por esas mismas circunstancias López Obrador había despedido a Nieto y echó a un rincón a Yáñez. En cambio, se ha dedicado a defender a su hijo y a justificar su estilo de vida, al grado de llegar a decir que su residencia "es modesta" y que la alberca "parece bañera" en comparación con la que supuestamente tiene el periodista Loret de Mola en una propiedad en Valle de Bravo. Así es el doble discurso presidencial.

## La distorsión del conflicto de interés

Desde que se publicó el reportaje de "La Casa Gris", el 27 de enero de 2022, López Obrador asumió desde la tribuna presidencial la defensa de su hijo. Afirmaba que en realidad los ataques contra José Ramón eran para dañar su proyecto de la Cuarta Transformación del país. El 4 de marzo de 2022 se refirió a mí para decir que el tema del conflicto de interés por la casona en Houston ya estaba aclarado y que todo había sido una calumnia:

> Ayer el periodista que hizo la investigación sobre la casa de mi hijo, que está rentando o que rentó en un tiempo, reconoce de que él no habló de conflicto de intereses. Pero miren cuándo viene a declarar, después de un mes de golpeteo, con la máxima del hampa del periodismo, de que la calumnia, cuando no mancha, tizna.

De inmediato, las cuentas oficiales en redes sociales de la Presidencia de la República hicieron circular un mensaje que decía:

> El presidente @lopezobrador_ se refirió a la declaración hecha por el periodista Raúl Olmos, de @MXvsCORRUPCION, acerca de que en su reportaje de la casa rentada en Houston por José Ramón López Beltrán no habla sobre conflicto de interés.

Adjunto al comunicado oficial, se difundió un extracto del video en el que López Obrador se refirió a mí. En segundos, los seguidores del presidente replicaron el mensaje con denuestos e insultos. Pero todo era una mentira. Yo jamás declaré ni reconocí que "La Casa Gris" estuviera libre de conflicto de interés.

Este malentendido —o afán deliberado de torcer mis palabras— surgió a partir de la publicación que hizo el periódico *El Soberano*, que circula en la Ciudad de México, de la grabación en audio de una clase que impartí en el Centro de Investigación y Docencia Económicas (CIDE).

El extracto de la grabación que difundió ese medio es de un minuto y la clase que ofrecí el sábado 26 de febrero se extendió por más de tres horas. Obviamente, mis palabras fueron sacadas de contexto.

Desde 2017 he sido maestro en el Diplomado de Periodismo de Investigación que ofrece el CIDE, y me toca impartir la clase "Herramientas para rastrear el dinero", en la que comparto técnicas, métodos y recursos tecnológicos para identificar mecanismos utilizados para el desvío de fondos públicos. Con el transcurrir de los años he elaborado un manual que suelo compartir sin ninguna restricción con los alumnos. Esta apertura la he tenido en otros talleres que he impartido en instituciones como la Universidad Nacional Autónoma de Mexico (UNAM), la Universidad Autónoma Metropolitana (UAM) y la escuela Carlos Septién. En cinco años, nunca tuve problemas para impartir con libertad mi cátedra, así que me explayo en ejemplos y en referencias. En ocasiones he compartido en las sesiones esbozos de investigaciones en curso, para ejemplificar el método utilizado. Se trata de información muy sensible, pero todos los asistentes al aula asumimos que hay un acuerdo tácito de máxima confidencialidad. El sábado 26 de febrero de 2022, sin embargo, una alumna grabó un fragmento de la clase y lo difundió dos días después en *El Soberano*. Ese medio, que es abiertamente progobiernista, publicó una nota al respecto, con el título: "Raúl Olmos, realizador de reportaje vs. hijo de AMLO, niega conflicto de interés en el caso".

Al principio no le di importancia a la publicación que distorsionaba lo que dije en clase, pues el medio que lo difundió tiene un mínimo impacto. Pero cuando lo retomó el presidente en la mañanera y el vocero Jesús Ramírez hizo un comunicado oficial en las redes de la Presidencia de la República, decidí publicar una serie de precisiones en mi cuenta personal de Twitter, que a continuación reproduzco, porque es esencial para comprender el sentido de lo que expresé en la clase del CIDE:

Ha circulado en redes un audio referente al reportaje de La Casa Gris —del cual soy coautor— sobre el que debo precisar:

1.- El audio no fue una declaración pública sobre el reportaje. Fue un trozo de una clase que impartí y omite contenidos claves que dan sentido a mis palabras. Lamento que diversos medios y el presidente @lopezobrador_ hayan tomado como referencia el audio sin contexto.

2.- Bajo el principio de que a los reporteros nos corresponde informar con base en documentos, datos duros comprobados y elementos de prueba, en mis clases siempre aconsejo a los alumnos que eviten calificar las conductas objeto de las investigaciones.

3.- Este principio obliga al reportero a difundir datos duros comprobados, en lugar de adjetivar. Los reporteros informamos, no opinamos, y calificar una conducta implica un juicio.

4.- Así lo he hecho en mi carrera profesional y en investigaciones anteriores sobre corrupción en los sexenios de Fox, Calderón y Peña. Eso fue lo que expliqué en clase: en lugar de escribir la palabra corrupción en un reportaje, mostremos las evidencias de esa conducta.

5.- En la #CasaGris, lo que hicimos los reporteros fue consignar hechos que evidenciaban un potencial conflicto de interés. No se escribió la frase "conflicto de interés", NO PORQUE NO EXISTIERA ESA CONDUCTA, sino porque nos limitamos a consignar la evidencia y datos probatorios.

6.- Una diversidad de analistas han coincidido en que la #CasaGris aporta evidencias de conflicto de interés. A lo largo de un mes, los propios involucrados confirmaron cada dato revelado en el reportaje y, con sus dichos, también confirmaron evidencias de conflicto de interés.

7.- La interpretación y deslinde de un posible ilícito fue de los propios involucrados. Serán las autoridades (la FGR y la Comisión de Bolsa y Valores de EU) quienes determinarán si ocurrió corrupción en la #CasaGris.

8.- Refrendo cada palabra del reportaje. Hay evidencia de conflicto de interés, al quedar plenamente probado que el hijo del presidente ocupó durante un año una casa en Houston que era propiedad de quien en ese momento era alto ejecutivo de una empresa contratista del gobierno.

9.- ¿Hubo corrupción o beneficios indebidos? Eso no le corresponde determinarlo a los reporteros, ni a los involucrados ni mucho menos al presidente. Eso les compete a las autoridades que realizan la investigación en México y en EU.

Hasta ahí la postura sobre la polémica grabación.

Para un periodista o un estudiante de periodismo es fundamental conocer la variedad de géneros periodísticos para adaptarlos a su estilo de escritura. Los géneros informativos (el reportaje y la noticia, básicamente) exigen el máximo apego a la verdad y la búsqueda de la objetividad; por ello, en clase aconsejo no adjetivar, porque un calificativo es un punto de vista, un juicio o una valoración personal. Si el periodista quiere opinar, para eso existen los géneros de opinión (el artículo, la columna, el ensayo). La investigación original de la casona de Houston era una pieza periodística informativa; lo que nos interesaba a los reporteros era aportar información, no hacer valoraciones. Este libro que usted tiene en sus manos, en cambio, es una pieza periodística híbrida, porque si bien aporta elementos informativos relevantes y comprobados, también incluye los puntos de vista del autor sobre el fenómeno conocido como "La Casa Gris" y sus derivaciones, así como interpretaciones de los hechos. Es por eso que excepcionalmente me he tomado la licencia de escribir algunos fragmentos en primera persona e incluir consideraciones personales. En el siguiente capítulo contaré cómo es que se obtuvo la pista para llegar a la casa y el proceso de la investigación.

# II

# La cola de la rata

## LOS INFORMANTES DE PALACIO

"Investiguen a Esquer."

El mensaje críptico llegó a mi cuenta personal de correo electrónico una tarde de noviembre de 2020.

"Le escribo porque no estoy de acuerdo con la corrupción que se está gestando", anotó la enigmática fuente, que se identificó como un trabajador de Palacio Nacional.

La sola mención del apellido Esquer me remitió al círculo más íntimo del presidente de México: desde 1996, Rosario Alejandro Esquer Verdugo había trabajado al lado de Andrés Manuel López Obrador; era como su sombra, el hombre de toda su confianza. Para efectos prácticos, era su operador financiero. Primero fue su secretario particular, cuando a finales de la década de los noventa fue líder nacional del Partido de la Revolución Democrática (PRD), y luego su asistente personal cuando asumió la jefatura de gobierno del Distrito Federal entre noviembre de 2002 y julio de 2005.

Esquer acompañó fiel a AMLO en sus tres elecciones presidenciales en 2006, 2012 y 2018 y, hábil para el manejo del dinero, auxilió a estructurar el esquema con el que se sufragaron diversos gastos de sus campañas políticas, incluida la remuneración al recurrente candidato. Cuando la gente se pregunta de qué vivió López Obrador en los 12 años en los que no trabajó, la respuesta la tiene Esquer, que se las ingeniaba para administrar las "aportaciones" a la causa obradorista.

Por su pericia financiera fue nombrado en noviembre de 2015 secretario de Finanzas del Comité Ejecutivo Nacional del partido Movimiento de Regeneración Nacional (Morena) y, desde esa posición, participó en maniobras que rayaron en la ilegalidad, como la triangulación de fondos de un fideicomiso para víctimas del sismo y la contratación de empresas fantasma para actos de campaña.

Tanta fidelidad, cercanía y complicidad tuvo su recompensa: cuando López Obrador asumió la presidencia de México en diciembre de 2018, Esquer pasó de la Secretaría de Finanzas de Morena a la secretaría particular del presidente, con un poder inusitado: él era el que decidía quién tenía acceso al mandatario, e incluso con frecuencia tomaba decisiones a nombre de su jefe. Llegó a Palacio Nacional con atribuciones de supersecretario.

Alejandro Esquer era, pues, un personaje de primerísimo nivel en la estructura del obradorismo.

Por eso cuando en noviembre de 2020 leí su apellido en el misterioso correo electrónico, un resorte interno me levantó de mi asiento: estaba ante una veta informativa muy valiosa. Apenas días antes había escrito y publicado en *El Universal* un reporte en el que revelé que Esquer había contratado a proveedoras fantasma para la campaña electoral de 2018.[1]

—Se quedaron cortos —me escribió la enigmática fuente.

—¿Qué más sabe? —le repliqué.

---

[1] "Particular de AMLO contrató empresas fantasma en la campaña del 2018", nota de Raúl Olmos publicada el 9 de noviembre de 2020 en *El Universal*.

Y fue el inicio de un intercambio de mensajes y de reveladora información en el círculo del poder presidencial.

Me puse a indagar datos sobre posibles irregularidades de Esquer en su paso por Morena y en la secretaría particular de la Presidencia, pero sólo encontré pistas sueltas, que —como acostumbro a hacer— anoté en una base de datos personal, de investigaciones por madurar.

El mensaje breve de "Investiguen a Esquer" me hizo volver a mis apuntes y repasar lo que había recopilado sobre este personaje. Sentí un ligero mareo —esa peculiar sensación que vivimos los periodistas ante un hallazgo— cuando días después recibí un correo electrónico de la fuente confidencial con una gran cantidad de pistas y datos que confirmaban y enriquecían mi pesquisa preliminar sobre el andamiaje que había construido el supersecretario en Palacio Nacional y que se extendía a otras áreas de gobierno. Un dato me pareció particularmente inquietante: su círculo familiar. Según mi informante, en el gobierno federal habían encontrado acomodo parientes del primer y segundo matrimonio de Esquer, incluida su exesposa Alejandra Camacho González, en una gerencia de recursos humanos en Petróleos Mexicanos (Pemex), y su hija, Carmelina Esquer Camacho, como presidenta de Pemex Procurement International (PPI), el área de comercio exterior de la petrolera mexicana.

Lo de la hija de Esquer en PPI había sido revelado desde agosto de 2019 por la periodista Karla Omaña en el periódico *Reforma*.[2] Pero intuí que en ese tema había mucho más por investigar, porque sin tener alguna experiencia en el sector energético, Carmelina Esquer había sido colocada como la más alta ejecutiva en la compañía encargada de las compras de Pemex en el extranjero, responsable de negociar

---

[2] "Dirige compras de Pemex hija de secretario de AMLO", nota de Karla Omaña publicada el 26 de agosto de 2019 en *Reforma*.

contratos millonarios con grandes proveedores multinacionales, como Shell y Baker Hughes.

"¿Por qué enviaron a alguien sin experiencia a Houston?", le pregunté a mi informante.

Y su respuesta —como acostumbraba— tardó varios días en llegar.

"Por ser hija de quien es; no importa su inexperiencia, sino su fidelidad —me respondió—. Es el cauce directo de los acuerdos con petroleras extranjeras." El mensaje se completó con una pista que, al paso de los meses, se volvería una bomba: "Y no sólo ella. José Ramón también se mudó a Houston, por las mismas fechas". El mensaje se refería al hijo mayor del presidente.

Acostumbrada a ventilar su vida privada, Carolyn Adams, la pareja de José Ramón López Beltrán, ya había difundido desde finales de 2019 en sus redes sociales fotografías y referencias de una casa que ambos habitaban en algún lugar de los Estados Unidos, pero no aportaba detalles de la ubicación. En algunas de las imágenes posó con un avanzado embarazo. Cuando en enero de 2020 nació el primer nieto del presidente, la revista digital *Emeequis* informó que el parto había sido en una clínica de Houston, Texas, donde radicaba la mamá.[3] La publicación aventuró que la casa de Carolyn estaba en la zona residencial de Woodlands, donde políticos y empresarios mexicanos han ocupado enormes mansiones. *Emeequis* redondeó su nota asentando que la nuera de AMLO era hija de una ciudadana brasileña y un estadounidense de Kentucky.

Pero hasta ese punto todo era especulación. Nadie tenía la certeza de la ubicación de la casa. José Ramón intentó desmentir la

---

[3] "AMLO ya es abuelo. Su nieto nació en Houston y se llama Salomón Andrés", nota sin firma publicada el 14 de enero de 2020 en *Emeequis*.

versión de que residían en Houston a través de un tuit en tono de burla: "Aclaro: lo único cercano a la realidad de esta nota es lo de Kentucky… A Caro le encanta el Kentucky Fried Chicken".

Revisé durante días las redes sociales de Carolyn y noté que entre noviembre de 2019 y julio de 2020 había compartido numerosas fotografías de la casa que habitaba con José Ramón. Pero en ningún caso daba pistas de la ubicación.

Todos estos antecedentes de notas periodísticas y de mensajes en redes sociales los anoté en mi base de datos y empecé a identificar hilos para iniciar una investigación. Dos personajes del primer círculo del presidente se habían mudado simultáneamente, casi al mismo tiempo, a Houston. Curiosa coincidencia. Era una hebra interesante, pero todavía deshilvanada; no tenía claridad de a dónde podía conducir. Pero así inician muchas investigaciones. Con cabos sueltos por atar.

Tras revisar mis anotaciones, decidí cotejar con mi informante en Palacio sobre la veracidad de la versión de que la casa de la pareja de José Ramón estaba en Woodlands.

"Negativo, pero es cerca", me contestó.

Las siguientes comunicaciones fueron más nutridas en datos, hasta propiciar el encuentro personal. Muy pronto me quedó claro que el interés de la fuente de la Presidencia —de la que me reservaré su identidad— no era evidenciar o señalar al hijo de AMLO, sino aportar información en torno a su poderoso supersecretario, quien habría incurrido en actos de prepotencia, abuso con sus subordinados y potencial corrupción. Estaba ante lo que los periodistas de investigación llamamos una "viuda del poder". Alguien que había gozado de cierta autoridad dentro de Palacio y que, al perder privilegios, estaba dispuesto a compartir secretos.

Un segundo informante de la oficina de Esquer se unió en abril de 2021 y, juntos, me auxiliaron a obtener documentos internos y una nómina detallada del personal de Palacio Nacional, con fichas de cada empleado, que me permitieron perfilar investigaciones que vieron la luz en el transcurso de ese año en la organización Mexicanos contra la Corrupción y la Impunidad (MCCI), en donde soy el director de la unidad de periodismo.

Las pistas y los datos aportados por las fuentes de Palacio fueron apenas el punto de partida de mi pesquisa. Eran lo que Daniel Santoro —el gran maestro del periodismo de investigación latinoamericano— llama "la cola de la rata", es decir, el indicio de algo que se asoma y que hay que seguir con rigor y tenacidad para descubrir lo oculto, lo que el poder quiere mantener en la oscuridad.

## UNA ALBERCA CON MOSAICO VENECIANO

Con la pista de que la casa que habitaba José Ramón estaba cerca de Woodlands, hice una búsqueda exhaustiva en los registros de propiedad y en las oficinas de valuación.

El condado que corresponde a las zonas residenciales ubicadas al norte de Woodlands es Montgomery, así que el rastreo lo focalicé en ese territorio, con búsquedas por nombre, tanto de José Ramón como de Carolyn, con todas las variaciones posibles, incluidos los apellidos completos de ella, que son Solano Adams y no Adams en solitario, como lo suele escribir. Esa búsqueda resultó infructuosa. Era probable que la casa que ocupaban estuviera a nombre de una empresa de responsabilidad limitada (LLC, por sus siglas en inglés), que es un recurso al que recurren algunos adquirientes de inmuebles para efectos fiscales, pero que también es un truco para ocultar la identidad de los propietarios. Así que el segundo rastreo fue en bases de datos y buscadores de compañías asentadas en Texas. Pero tampoco tuve éxito.

Entonces se me ocurrió hacer una labor de cotejo de fotografías. Para ello hice una selección de imágenes en las que la pareja López-Adams posaba en su casa, e identifiqué características del inmueble que me permitieran hacer una comparación con viviendas ubicadas en fraccionamientos aledaños a Woodlands. Tal vez, con suerte, encontraría coincidencias. Era una labor minuciosa y de paciencia extrema, porque requería cotejar casa por casa.

En los buscadores especializados que existen en Texas empecé a identificar viviendas que tuvieran características similares a las que aparecían en las fotografías compartidas por Carolyn y José Ramón en sus redes sociales.

Fue así como armé más de 100 carpetas, con imágenes de igual cantidad de casas que, al menos a primera vista, se parecían a la que habitaban los López-Adams. Empecé a descartar pieza por pieza y me quedé con 20. Eran demasiadas posibilidades y ninguna me daba plena certeza. Hasta que me detuve en una fotografía que Carolyn había compartido el 10 de mayo de 2020, en la que aparece junto a lo que parecía ser una piscina, con acabados en mosaico veneciano, en una combinación muy peculiar de pequeñas piezas de cristal en verde, blanco y azul. Con esa pista más concreta, limité mi búsqueda sólo a las viviendas que tuvieran albercas. De las 20 que tenía, ninguna contaba con una piscina con las particularidades del mosaico que ya describí. Así que tuve que empezar de cero. Mi nuevo rastreo fue a partir de las piscinas. Una por una, fui cotejando las albercas de las casas con la fotografía compartida en Instagram. Hasta que, finalmente… ¡bingo! Localicé una residencia que tenía el vidriado idéntico. Cuando vi las fotografías que correspondían a la casa localizada, me quedé mudo. La piscina del mosaico peculiar tenía una enorme alberca alargada, la más grande de todas las que había visto durante días de minucioso rastreo.

Observé la fotografía que Carolyn había compartido en Instagram el 10 de mayo de 2020, posando junto a la alberca, y la cotejé con la imagen de la piscina de la casa recién descubierta. La coincidencia era idéntica. No había duda.

Luego, comparé otras fotografías que la pareja había hecho públicas en sus redes sociales, y también concordaban. Una foto, en particular, hizo clic: José Ramón aparece sentado en un sillón y al fondo se ven múltiples detalles del interior de la casa. Al cotejar esos detalles, corroboré que encajaban a la perfección con las características de una vivienda localizada en Jacobs Reserve, un desarrollo habitacional de lujo ubicado en la localidad de Conroe, junto a un bosque.

Ya con el domicilio preciso, volví a hacer una nueva búsqueda en los registros de la propiedad de Montgomery, y fue entonces que descubrí que la casa que habitaba la pareja —la llamada "Casa Gris"— estaba a nombre de Keith Schilling, quien durante al menos tres años había trabajado como alto ejecutivo de Baker Hughes, compañía contratista de Pemex.

### La casona de la polémica

"La Casa Gris" de Houston se ubica sobre una superficie de 2 mil 500 metros cuadrados. La mayor parte del terreno está reservada para áreas verdes, incluida la parte trasera del inmueble, en donde se ubica la famosa alberca alargada, de 23 metros.

La superficie construida es de 447 metros cuadrados, en dos niveles, con finos acabados en piedra y madera. En la planta baja hay una amplia cocina con desayunador, sala de estar, comedor, un estudio/

biblioteca y amenidades que incluyen un bar, sala de juegos y una sala privada de cine.[4]

La recámara principal también está en el primer nivel, y tiene terraza con vista al jardín, un espacioso vestidor y tina de hidromasaje.

En la planta alta se distribuyen otra sala de juegos y tres dormitorios con baños completos. La casa cuenta además con cuarto de servicio, centro de lavado y un garaje cubierto con tres lugares de estacionamiento.

Sin duda, el principal atractivo de la casa es su alberca climatizada con acabados en mosaico veneciano, área para tomar el sol e iluminación nocturna. La piscina es enmarcada con un enorme jardín con sistema de riego automático por aspersión, y una equipada parrilla para los tradicionales asados texanos.

Vista desde el aire, la alberca de "La Casa Gris" sobresale en el lujoso vecindario; equivale en tamaño al triple de las que hay en otras viviendas.

La casa se ubica en Oak Estates, la más exclusiva y privada zona del fraccionamiento Jacobs Reserve. En la parte trasera de la residencia está el bosque estatal William Goodrich Jones, que es una reserva natural ubicada entre las poblaciones texanas de Conroe y The Woodlands.

La empresa de bienes raíces Zillow estimó en abril de 2022 que esa residencia tiene un valor en el mercado de un millón 202 mil dólares (unos 24 millones de pesos), mientras que la agencia Redfin la cotizó en un millón 123 mil dólares.

La residencia se edificó en 2015 por una subsidiaria en Texas de D. R. Horton Inc., la mayor constructora de viviendas en Estados

---

[4] Descripción incluida en el registro de propiedad R445551 de la oficina de valuación del condado de Montgomery, en Texas.

Unidos, incluida en 2021 en el sitio 148 de la lista Fortune 500 de las corporaciones con mayores ingresos.

La constructora vendió la casa en septiembre de 2015 a Keith Schilling, quien en ese momento trabajaba como vicepresidente de Tetra Technologies Inc., empresa texana de servicios para la industria del petróleo, que tiene una subsidiaria en México.

Schilling se incorporó en octubre del año siguiente como presidente de Surface, una de las divisiones de GE Oil & Gas, que estaba en proceso de fusionarse con Baker Hughes, y a partir de entonces, y hasta enero de 2020, permaneció en la compañía.

Fue en esa etapa como alto ejecutivo de Baker Hughes que entró en negociaciones con Carolyn Adams —pareja de José Ramón López Beltrán— para que ocuparan su vivienda. Ambos dicen que fue un arrendamiento.

La pareja López-Adams ocupó "La Casa Gris" entre agosto de 2019 y julio de 2020, y en octubre de este último año Schilling vendió el inmueble a un matrimonio de origen brasileño que trabaja para la corporación petrolera ExxonMobil.

Para José Ramón López Beltrán, ocupar la residencia de Houston representó un giro radical en su estilo de vida. Su domicilio anterior en la Ciudad de México era un pequeño departamento ubicado en Copilco, de 76 metros cuadrados, que había sido propiedad de su papá.[5]

La superficie construida de la casona de Houston equivalía a seis veces el tamaño de su departamento, ubicado en la calle Odontología 57, interior 301, a unos metros de Ciudad Universitaria, al sur de la capital mexicana.

---

[5] Inmueble con el folio real 613504, inscrito en el Registro Público de la Propiedad de la Ciudad de México.

Tan sólo la sala de estar y el salón de juegos de "La Casa Gris" miden 70 metros cuadrados, superficie similar a la del departamento de Copilco.

## LA ALIANZA CON LATINUS

La primera fase de la investigación había sido una recopilación documental, rastreo de inmuebles en Texas y entrevistas con agentes inmobiliarios, abogados y fuentes tanto del gobierno federal como del círculo cercano a José Ramón y Carolyn, básicamente personas que los habían tratado. Una vez que tuve la certeza de que la pareja López-Adams había ocupado la casa en Conroe y que corroboré que el Keith Schilling que aparecía en registros de propiedad como el dueño del inmueble no era un homónimo, sino que, efectivamente, había sido un alto ejecutivo de Baker Hughes, decidí dar el siguiente paso: el trabajo de campo.

Fue en esta etapa cuando la presidenta de MCCI, María Amparo Casar, conoció el tema que estábamos investigando en la unidad de periodismo. Y fue entonces cuando empezamos a discutir y analizar, junto con Darío Ramírez, director de comunicación en la organización, el medio aliado a través del cual daríamos a conocer el reportaje.

Cuando en la unidad de periodismo consideramos que un reportaje ha madurado, se analiza el medio aliado a través del cual se dará a conocer. Desde que nació MCCI, en 2016, hemos publicado investigaciones con más de una docena de medios, nacionales y extranjeros, entre los que han destacado *Reforma*, *El Universal*, Animal Político y Aristegui Noticias; también se ha tenido la colaboración con WRadio, *El País*, *Expansión*, *Proceso* y *El Financiero*, entre otros, así como con organizaciones extranjeras, como el Proyecto de Denuncia de la

Corrupción y el Crimen Organizado (OCCRP, por sus siglas en inglés) de Europa, el Consorcio Internacional de Periodistas de Investigación (ICIJ, por sus siglas en inglés) con base en Estados Unidos, Connectas de Colombia, Convoca de Perú y Agencia Pública de Brasil.

Inicialmente se exploró la posibilidad de publicar el reportaje de "La Casa Gris" con un medio impreso. El directivo de un periódico conoció un primer esbozo, pero no dio respuesta a la propuesta de publicación, en parte porque la investigación estaba apenas en proceso de elaboración.

Entonces pensamos en la posibilidad de un medio digital. La doctora Casar venía colaborando, desde el surgimiento del sitio Latinus, en una mesa de análisis político coordinada por Carlos Loret en la que de forma habitual participaba con Héctor Aguilar Camín, Jesús Silva-Herzog Márquez, Denise Dresser y Adela Navarro, y a la que eventualmente se sumaban otros escritores y académicos, como Jorge Castañeda, Enrique Krauze y Carlos Elizondo. Ella puso sobre la mesa la propuesta de llevar el tema a Latinus, un medio muy crítico del gobierno de AMLO, dirigido por Loret, que en dos años de existencia había logrado altos niveles de audiencia por difundir reportajes que habían sacudido a la clase política, como los videos de Pío y Martín López Obrador recibiendo dinero en efectivo para el presunto financiamiento de actividades políticas de su hermano, o los contratos en Pemex a una prima del presidente.

Una tarde de octubre, a la sombra de una terraza en la zona de Polanco, los tres directores de MCCI que conocíamos el material que se estaba preparando discutimos durante más de dos horas la posibilidad de ir en alianza con Latinus. Al final, llegamos a la conclusión de que era una alternativa que ayudaría a amplificar el contenido de la investigación, por una razón muy poderosa: el reportaje tenía que ser sobre todo visual; había que mostrar los exteriores e interiores de

la casa que había habitado el hijo mayor del presidente, como evidencia de la contradicción con el discurso presidencial de austeridad. Ése
era un primer elemento periodístico que valoramos, y que, una vez
publicado el reportaje, fue también el ángulo que de manera sobresa-
liente retomaron medios internacionales como *The Wall Street Journal*,
*The Economist*, *Financial Times* y *Le Monde*, como se mostró de manera
amplia en el primer capítulo.

Una segunda valoración que hicimos, y quizá la más importante,
era el posible conflicto de interés derivado del hecho de que la casa
que había habitado José Ramón López Beltrán y su pareja era propiedad de uno de los presidentes de Baker Hughes, compañía contratista
del gobierno de López Obrador.

Este segundo aspecto lo podíamos exponer, sin mayores problemas, en un reportaje escrito, con una detallada explicación de la
coincidencia entre las fechas en que se ocupó la casa y los tiempos en
que se asignaron contratos y ampliaciones.

Si bien en el equipo de MCCI contamos con la colaboración de
Lucía Vergara y Gloria Hernández, dos magníficas periodistas y rea-
lizadoras en video, la capacidad de producción y alcance de Latinus
nos superaba para cubrir el aspecto visual. Si íbamos a establecer una
alianza, teníamos que mostrar plena disposición a colaborar. No que-
ríamos un medio que sólo replicara nuestros contenidos. La intención
era concluir juntos la investigación periodística, en la fase de trabajo
de campo. Así que la propuesta a Latinus, como medio aliado, sería
que ellos participaran en lo que tienen amplia experiencia: en la producción del contenido audiovisual.

Cuando en MCCI acordamos entrar en contacto con Latinus para
plantearles esta colaboración, yo propuse que primero lleváramos con
ellos otro material que también tenía la etiqueta de "secreto": una serie de videos que habíamos obtenido a partir de la pista de una fuente

de Palacio Nacional, en la que se veía al secretario particular del presidente López Obrador realizando una serie de depósitos hormiga en carrusel, junto con algunos de sus colaboradores, con lo que eludieron los controles antilavado de dinero.

Ese material tenía tres meses "congelado" porque no habíamos terminado de corroborar la identidad de todos los participantes en el carrusel. La pista nos la había proporcionado la fuente de Palacio desde inicios de 2021, pero los videos los logramos obtener hasta julio de ese mismo año.

En la última semana de octubre hice llegar los videos en bruto, tal cual los había obtenido una fuente confidencial de un circuito cerrado de dos sucursales bancarias, a Arelí Quintero y a Mario Gutiérrez Vega, subdirectora y jefe de información de Latinus, respectivamente. A partir de ello, se hizo el largo proceso de edición, porque había que identificar los momentos precisos en que Esquer y sus colaboradores acudían a las ventanillas a hacer los depósitos.

La primera colaboración de MCCI con Latinus vio la luz la noche del jueves 2 de diciembre de 2021, con ese reportaje conocido como "El carrusel del *cash*", el cual de inmediato se convirtió en un nuevo "videoescándalo", pues involucraba, una vez más, a un personaje cercanísimo del presidente López Obrador.

A la par que se preparaba esa primera colaboración, Mario, Arelí y yo intercambiábamos información sobre la investigación de José Ramón en Houston, y preparábamos el primer viaje para hacer el trabajo de campo y las tomas de video. Todo lo afinábamos con absoluta discreción, comunicándonos por medios seguros, que garantizan la encriptación de los mensajes. Arelí y Mario eran el vínculo con Loret y yo con Casar.

## MENSAJES ENCRIPTADOS

En la agenda de la unidad de periodismo de MCCI hay permanentemente una amplia batería de investigaciones que están en curso. La mayoría se comparte en equipo y son de conocimiento de todos los reporteros; pero hay proyectos a los que yo he decidido colocarles la etiqueta de "secreto", que sólo el periodista asignado y yo conocemos. Cuando ese tipo de proyectos maduran y ya están listos para salir a la luz, la información se comparte entonces con la presidenta de la organización, María Amparo Casar. Sólo hasta entonces ella conoce lo que traemos entre manos. Eso ha garantizado plena libertad a la unidad de periodismo: los temas de investigación los proponemos y los decidimos los periodistas; sólo los periodistas. Y tanto es así que el contenido de las investigaciones lo conoce la doctora Casar sólo en la víspera de la publicación. Ése ha sido un acuerdo respetuoso, que ella gentilmente y de manera muy profesional ha aceptado.

A finales de 2021 había dos temas que manejábamos en secreto en MCCI, y que sólo conocíamos un compacto grupo de tres personas: "La Casa Gris" y el carrusel del *cash*. Sabíamos que ambos temas eran potencialmente explosivos y decidimos mantener el máximo sigilo para prevenir fugas de información. Evitábamos hablar de ambas investigaciones por teléfono, por mensajería o por correo electrónico, porque estábamos conscientes del riesgo de que fuéramos espiados, como ya había ocurrido en el pasado. Cuando era necesario compartir información virtualmente, lo hacíamos a través de un sistema encriptado o nos hablábamos en clave. "El señor de canas" era el código del carrusel del *cash*, en alusión al secretario de López Obrador. "La casa", así, a secas, era como nos referíamos a la residencia de Houston. "Voy a la casa", significaba que había novedades del tema secreto.

Los mensajes encriptados sólo podíamos descifrarlos los involucrados en la elaboración del reportaje. Nadie más tenía nuestras respectivas claves, de manera que se volvía muy complicada —aunque no imposible— la intrusión o el espionaje.

Como director de la unidad de periodismo, yo tenía que planear y coordinar otros reportajes que estaban en preparación. Así que tuve que separarme en la última fase de la investigación de "La Casa Gris", y encomendé el trabajo de campo a Verónica Ayala, quien en julio de 2021 se había integrado a mi equipo. Ella sería la enviada de MCCI, mientras que Latinus asignaría a una reportera y a un realizador.

Verónica es una experimentada periodista originaria de Monterrey, donde hizo carrera en el periódico *El Norte*. Cuando se mudó a la Ciudad de México participó en destacados trabajos periodísticos en *Reforma*, uno de los cuales cimbró en 2014 a la clase política, que fue conocido como "La red de los moches", en la que legisladores federales, particularmente del PAN, participaban en gestionar recursos presupuestales a estados y municipios a cambio de un soborno, que en términos coloquiales era llamado "el moche". En ocasiones se utilizaba a una empresa fachada para ocultar los pagos a los diputados, y con frecuencia se señalaba a las constructoras con las que los alcaldes debían realizar los contratos de obra pública.

Cuando me desempeñé como director editorial en el periódico *AM* en León participé en aquel tiempo en la cobertura de la red de los moches. El tema fue abordado en el medio que dirigía, porque uno de los alcaldes que fue extorsionado era guanajuatense. Fue así como un amplio equipo de periodistas logramos reconstruir la descarada trama de corrupción que se extendía por distintos estados y que apuntaba tanto a integrantes del Partido Acción Nacional (PAN) como a operadores de Manlio Fabio Beltrones, en aquel entonces legislador federal del Partido Revolucionario Institucional (PRI) y un influyente líder de ese partido político. Esta investigación fue reconocida en 2014 con el premio alemán de periodismo Walter Reuter.

En julio de 2021, cuando asumí la dirección de la unidad de periodismo de MCCI, busqué a Verónica para integrarla al equipo. Su visión imparcial y equilibrada; su mirada desprejuiciada y, sobre todo, su honestidad y rigor profesional han sido claves al momento de planear y ejecutar investigaciones.

Ella se sumó al proyecto de "La Casa Gris" en octubre de 2021. Le correspondió hacer cotejo de datos y trabajo de campo.

★ ★ ★

El carácter secreto de "La Casa Gris" nos obligaba a tomar decisiones sobre la marcha, para no alertar a quienes seguían nuestros pasos. Sabíamos que éramos observados. Un indicio de que había autoridades que estaban pendientes del curso de nuestras investigaciones fue que una tarde de octubre una fuente personal me llamó para preguntarme a bocajarro: "¿Cómo va lo del hijo?" Me quedé atónito. ¿Cómo podía saber? Lo mejor era extremar precauciones. Por eso los viajes para hacer trabajo de campo se hicieron de improviso.

—¿Tienes tu visa y pasaporte en orden? —le pregunté a Verónica una mañana a mediados de noviembre.

—Todo en regla —me respondió.

—Es probable que tengas que viajar hoy mismo. Está pendiente.

—¡Oks, tú me dices!

En ese momento Verónica estaba con otras reporteras en la cobertura de una investigación que teníamos en curso sobre el nuevo aeropuerto Felipe Ángeles. Y la decisión de viajar la tomamos en forma coordinada MCCI y Latinus aquella misma mañana.

—¡Ya regresa! —le pedí cerca del mediodía—. Te vas hoy mismo por la noche, pero antes debemos reunirnos para explicarte.

—Oks, ¿nos regresamos o me voy yo? Estamos por la zona del nuevo aeropuerto, como a dos horas de distancia.

—No puedes volver sola. No creo que haya transporte seguro desde allá. Corten la cobertura y regresen.

—Está bien. Ya vamos de vuelta.

—Ya no alcanzaremos a reunirnos, tienes que ir a hacerte la prueba covid. Sin ella, no podrás entrar a Estados Unidos.

—Oks, llego directo al laboratorio.

Acto seguido, le envié encriptado un texto que le serviría como base para acudir a hacer el trabajo de campo en Houston, con referencias muy precisas.

—Secreto absoluto. No se lo compartas a nadie. Lo lees y lo borras —le ordené a Verónica.

—Sin problema, no comento nada.

—Mientras regresas, confirmo tu vuelo y el hotel.

Cerca de las dos de la tarde, ya estaba en camino al laboratorio.

—Sales en el vuelo de las siete de la tarde. Nada más tienes tiempo de llegar a hacer la maleta.

—¿Cuántos días estaré allá?

—Mínimo tres días.

—¡Okssss…!

★ ★ ★

En el rastreo documental y en el trabajo de campo corroboramos que José Ramón López Beltrán y su pareja habían ocupado "La Casa Gris" por lo menos entre septiembre de 2019 y julio de 2020, y luego se habían mudado a otra casa que todavía no habíamos localizado.

Entonces la investigación quedó empantanada. Podíamos escribir la historia en pasado, pero lo que siempre debe apostar el periodismo es a darles un sentido lo más actual posible a las noticias. La historia se reactivó cuando Mario Gutiérrez me llamó para darme la noticia de que el equipo de Latinus había localizado la nueva casa que la pareja López-Adams habitaba en Houston.

Rastreé los registros en los condados metropolitanos de Houston y localicé el domicilio en un fraccionamiento nuevo, recién construido en Cypress, en el condado de Harris. Ahí la propiedad sí estaba a nombre de Carolyn Solano Adams. Los documentos no eran suficientes. Había que viajar de nuevo a hacer trabajo de campo para corroborar la información.

## La nueva casa, con un crédito "no calificado"

La pareja López-Adams se mudó en el transcurso de 2021 a una nueva casa en la localidad de Cypress, correspondiente al condado de Harris, al norte de Houston, que está valuada en más de un millón de dólares (alrededor de 20 millones de pesos), un valor similar al de "La Casa Gris", que habían ocupado entre 2019 y 2020.

La nueva casa de dos pisos está en Parkland Village, un barrio residencial que forma parte de Bridgeland, un enorme desarrollo que está en proceso de consolidación en más de 4 mil 600 hectáreas y que —según el plan maestro— contará con centros deportivos y recreativos con toboganes y piscinas, campo de golf, amplios espacios abiertos de parques, así como lagos y canales donde los residentes podrán practicar la pesca y pasear en canoas, kayaks y veleros.

La compra del inmueble se formalizó el 14 de junio de 2021 con la empresa Darling Homes of Texas, subsidiaria de Taylor Morrison Home, una de las compañías de construcción de viviendas más grandes en Estados Unidos, que tiene su sede corporativa en Arizona.

El documento de la transacción, consultado para esta investigación, menciona que la adquiriente de la casa es Carolyn Solano Adams (el nombre legal de la pareja de José Ramón López Beltrán), y para pagar la propiedad adquirió un crédito hipotecario por 781 mil 279 dólares (unos 15.6 millones de pesos).

La hipoteca no fue suscrita con una compañía de Houston, sino de San Diego, California, la ciudad donde residió y estudió Carolyn antes de incursionar como profesionista en la industria energética. El compromiso de pago se adquirió con Lendsure Mortgage Corp., especializada en créditos hipotecarios no convencionales o no calificados, también conocidos como Non-QM (Non-Qualified Mortgage), que son aquellos que no cumplen con los requisitos establecidos por la Oficina de Protección Financiera del Consumidor y los estándares del gobierno estadounidense, como ingresos verificables con talones de pago y declaraciones de impuestos.

A las hipotecas Non-QM suelen recurrir ciudadanos extranjeros o personas que trabajan por su cuenta, pero también quienes tienen o han tenido problemas crediticios y que, por lo tanto, no son sujetos de préstamos convencionales.

Todd Rasmussen, vicepresidente de la empresa vendedora, fue quien firmó la transacción, con el aval de la notaria pública de Texas, Crystal Banks. Un dato singular: en el documento aparece el nombre de Carolyn como "una mujer soltera".

## El avalúo: más de un millón de dólares

La nueva casa de la pareja López-Adams fue concluida en la segunda mitad de 2021. En documentos oficiales del condado de Harris consta que el terreno de la residencia tiene una superficie de 11 mil 838 pies cuadrados, equivalente a mil 100 metros cuadrados, de los cuales 548 metros cuadrados corresponden al área construida en dos pisos, con una distribución de cinco habitaciones.

En el reportaje original publicado el 27 de enero de 2022, MCCI y Latinus informaron que el avalúo catastral de la propiedad, para efectos del cobro de impuestos, era de 371 mil dólares, el equivalente a 7.6 millones de pesos. El tasador del condado de Harris hizo la estimación del valor como una propiedad recién construida, en una zona residencial que apenas estaba en desarrollo.

El valor catastral no correspondía a la realidad, pues equivalía a menos de la mitad de la hipoteca contratada en junio de 2021 para la compra de la casa.

Un nuevo avalúo elaborado en febrero de 2022, consultado para esta investigación, ubica el valor de la casa en un rango de entre un millón 062 mil dólares y un millón 174 mil dólares, es decir, hasta 23 millones de pesos.

En sitios especializados como realtor.com, realytrac.com y redfin.com, el valor estimado de la propiedad en enero iba desde los 628 mil dólares, lo que equivale a alrededor de 13 millones de pesos, hasta 948 mil 475 dólares, es decir, unos 19 millones de pesos.

La casa tiene un amplio garaje, que sirve de resguardo de una camioneta Mercedes Benz que también fue adquirida a nombre de Carolyn Adams, y que es la que conduce José Ramón en Houston.

El vehículo GLE-Class 350, modelo 2020, fue adquirido en Mercedes Benz of The Woodlands, una agencia de grandes ventanales y amplia sala de exhibición ubicada a 10 minutos de "La Casa Gris", a un costado de la Interestatal 45, la autopista que va de Galveston, al sur de Texas, hasta Dallas al norte. A escasos metros del expendio hay más negocios que ofrecen autos de lujo de otras marcas, como Cadillac, Lincoln, BMW y Mini Cooper.

La camioneta fue adquirida en octubre de 2019, cuando José Ramón y su pareja tenían dos meses como inquilinos de Schilling. El precio de lista del vehículo era de 68 mil 675 dólares, equivalente a cerca de un millón 400 mil pesos; cuenta con un tanque de 85 litros de combustible y tiene un rendimiento de entre 8.5 y 11.5 kilómetros por litro. Según Carolyn, la compra se hizo a crédito.

## EL SEÑOR DEL CASH

Además de "La Casa Gris", los informantes de Palacio aportaron pistas que sirvieron para desarrollar otras piezas periodísticas, algunas de ellas de alta relevancia que involucran a Alejandro Esquer, el secretario particular del presidente de México.

Desde que se volvió el operador financiero de López Obrador, Alejandro Esquer se acostumbró a cubrir muchos gastos en efectivo. Así cubría los de su jefe y sus hijos. Así pagaba complementos de servicios. Así se financiaban algunas actividades partidistas. Cuando en noviembre de 2016 José Ramón López Beltrán fue designado representante de Morena en el Estado de México, se dedicó a recorrer todo el territorio estatal para armar la estructura electoral. Y, previsiblemente, no lo hacía gratis. El dinero en *cash* fluía para que el hijo de AMLO cumpliera sus tareas proselitistas.

Muchas de las aportaciones en efectivo, como las que hemos visto en video que se entregaban en sobres y bolsas, debieron tener como destinatario a Esquer en su papel de secretario de Finanzas de Morena, cargo que desempeñó de noviembre de 2015 a noviembre de 2018.

Quienes lo conocen lo describen como un hombre sumamente desconfiado, altanero y prepotente con quienes no son de su círculo cercano. Pero solidario con quienes le hacen el juego. Así que el reparto del dinero en efectivo sólo se podía dar con gente de confianza.

Una de las colaboradoras más cercanas de Esquer es Denis Zaharula Vasto Dobarganes, a quien el supersecretario de Palacio ve como su hija por motivos personales de cercanía familiar. En la ficha curricular del expediente que resguarda la Dirección de Recursos Humanos de la Presidencia se detalla que después de estudiar la licenciatura en Derecho en la Universidad Marista, en Tláhuac, Denis entró a trabajar en febrero de 2008 a la Secretaría de Finanzas de la Ciudad de México, cuando el jefe de gobierno era Marcelo Ebrard. Se desempeñaba como jefa de la Unidad de Procedimientos Legales de la Procuraduría Fiscal. En 2011 fue ascendida a subdirectora de Autorizaciones, y su trabajo consistía en recibir, tramitar y resolver solicitudes de exenciones, dar seguimientos a la publicación de edictos para el cobro de adeudos y tramitar fianzas. Fue ratificada en ese cargo cuando en 2012 Miguel Ángel Mancera asumió la jefatura de la capital. En el transcurso de 2016 Esquer la invitó a colaborar en la Secretaría de Finanzas de Morena, bajo sus órdenes directas, y muy pronto puso a prueba su discreción y lealtad. En diciembre de 2017, Denis auxilió a Esquer a mover cientos de miles de pesos en efectivo en un carrusel de depósitos bancarios, con el que se eludió la supervisión de la ley contra el lavado de dinero. Se formaban en la fila, depositaban 50 mil pesos y se volvían a formar. El dinero, se supone, era para ayudar a los damnificados del sismo de septiembre de aquel año, pero al menos 42 millones fueron a dar a operadores políticos de Morena.

La exitosa maniobra del carrusel de *cash* fue recompensada con creces. De ser una simple auxiliar de "apoyo administrativo" en Morena —ése era el título de su cargo—, Denis saltó a convertirse el 1° de diciembre de 2018 en la titular de la Unidad de Administración y Finanzas de la Presidencia. Su remuneración neta (después de impuestos), por concepto de sueldos, compensaciones, aguinaldo y otras prestaciones asciende a un millón 354 mil pesos anuales, una diferencia de apenas 213 mil pesos menos respecto al ingreso neto anual reportado por el presidente de México.[6]

La poderosa funcionaria es la principal operadora de Esquer, pero, además, es la responsable del manejo de los dineros en Palacio. El Reglamento de la Oficina de la Presidencia detalla sus múltiples funciones: administrar los recursos humanos, financieros, presupuestales, materiales y de tecnologías de la información; administrar el dinero destinado a las actividades de seguridad y logística para garantizar la integridad del presidente, y autorizar las erogaciones para el ejercicio del gasto de seguridad pública y nacional.

A Denis se le habilitó un *penthouse* en el edificio de la Presidencia ubicado en avenida Constituyentes 161, a la vuelta de lo que fue la residencia oficial de Los Pinos, donde dispone de escoltas y choferes para moverse a donde requiera, pero ella prefiere despachar en el segundo piso de Palacio Nacional, donde tiene una amplia oficina, entre el despacho de Esquer y del presidente López Obrador. Desde ahí puede atender las órdenes de su jefe y asumir a plenitud su influyente encargo.

## LA OPERACIÓN CARRUSEL

En octubre de 2021, dos meses antes de la revelación de "La Casa Gris", compartí con el sitio Latinus una serie de videos que habíamos obtenido en MCCI, a partir de las pistas aportadas por uno de los informantes de Palacio Nacional.

---

[6] Comparativo realizado a partir de los reportes de ingreso de 2020 incluidos en la declaración patrimonial que ambos funcionarios presentaron en mayo de 2021.

Los videos, difundidos el 1º de diciembre de 2021 por Latinus y MCCI mostraban lo que ahora es conocido como la "Operación Carrusel", en la que el secretario de López Obrador participaba en una serie de depósitos hormiga, con los que se eludieron los controles antilavado de dinero. A continuación, la reconstrucción de ese singular operativo.

★ ★ ★

Alejandro Esquer y su mano derecha, Denis Zaharula Vasto Dobarganes, llegaron el jueves 28 de diciembre de 2017 a la sucursal de Banco Afirme en San Ángel, poco antes de que cerrara sus puertas. Junto con otras siete personas, hicieron fila para realizar depósitos en carrusel. Se formaron una y otra vez para entregar a los cajeros cantidades idénticas. Cuando les tocaba su turno y entregaban las fajillas con billetes, se volvían a formar. Así lo hicieron durante 21 minutos, entre las 4:26 y las 4:47 de la tarde, hasta completar 28 operaciones de 50 mil pesos cada una, que en conjunto sumaron un millón 400 mil pesos.

Dos cámaras de seguridad interna de la sucursal bancaria, ubicada en Plaza Inn, sobre Insurgentes Sur, dejaron registro de este singular operativo de depósitos en carrusel, en el que participaron tres mujeres y seis hombres, encabezados por Esquer, quien en ese momento se desempeñaba como secretario de Finanzas de Morena, y por su auxiliar administrativa, Denis Zaharula.

En los videos que grabaron las cámaras se aprecia al actual secretario particular de AMLO formado, en espera de su turno. A las 4:43 de la tarde de aquel 28 de diciembre pasó a una de las ventanillas, sacó una fajilla de billetes de una bolsa de su chamarra negra, les quitó la liga y se los entregó al cajero. En las imágenes se ve a Esquer que espera paciente, recargado en el mostrador, mientras el empleado bancario inserta el papel moneda en una máquina contadora.

Minutos antes, a las 4:26 de la tarde, la auxiliar de Esquer había iniciado la tanda de depósitos. En las tomas en video se ve que Denis Zaharula, vestida con un saco verde, llega al banco acompañada de otra mujer con chamarra oscura y el pelo peinado con cola de caballo. Denis va directo a una de las ventanillas, entrega un papel al cajero y de inmediato saca, de un maletín con correa que lleva colgado al hombro, una fajilla con billetes. El empleado bancario cuenta uno a uno los billetes, luego los mete a una máquina contadora, y, una vez que verifica la cantidad exacta de 50 mil pesos, entrega un recibo sellado.

Cuando Denis se retira, la mujer que la acompañaba pasa a la misma ventanilla, se baja el cierre de la chamarra y saca otro fajo con dinero que entrega al cajero. A continuación, se repite el procedimiento de conteo del dinero. Después de ella se formarán, en los siguientes minutos, otras siete personas que realizarán depósitos idénticos de 50 mil pesos.

El operativo carrusel se replicó en otras sucursales de Afirme. En el banco de Plaza de la República, en la colonia Tabacalera, participaron tres hombres y tres mujeres, que de manera coordinada depositaron 950 mil pesos, en 19 transacciones de 50 mil pesos cada una. En este caso, las cámaras muestran que cada persona se formaba, efectuaba el depósito y salía de la sucursal, para posteriormente volver a ingresar para formarse nuevamente para hacer más depósitos con una diferencia mínima de minutos.

En conjunto, tan sólo en las dos sucursales de San Ángel y Plaza de la República, se depositaron 2 millones 350 mil pesos. La Operación Carrusel no quedó ahí. Las transacciones en efectivo sumaron en total 44 millones 407 mil pesos. Un monto tan elevado debió haber sido reportado a Hacienda, según ordena la ley contra el lavado de dinero, pero Esquer y sus colaboradores eludieron la supervisión al fragmentarlo en depósitos hormiga.

Esa cantidad de dinero en efectivo fue depositada a la cuenta bancaria del fideicomiso Por los Demás, que Morena creó para supuestamente ayudar a los damnificados por el sismo de septiembre de 2017. Sin embargo, una investigación del Instituto Nacional Electoral (INE) descubrió que al menos una porción del dinero fue a dar a políticos de ese partido político, entre los que había candidatos, legisladores y operadores electorales.

En julio de 2018 el INE determinó que el fideicomiso fue utilizado como un esquema de financiamiento paralelo de Morena, y aplicó a ese partido una multa de 197 millones de pesos, pero al mes siguiente el Tribunal Electoral del Poder Judicial de la Federación revocó la sanción porque se violó la garantía de audiencia y porque no se logró documentar a plenitud el origen y destino del dinero. Es decir, el Tribunal no negó que Morena haya cometido un posible ilícito. Lo que alegó esa autoridad es que el INE no profundizó en la indagatoria.

La Operación Carrusel rayó en la ilegalidad, por lo que fue reportada por el INE para su investigación a la Fiscalía Especializada para la Atención de los Delitos Electorales (Fepade), a la Subprocuraduría Especializada en Investigación de Delitos Federales, al Servicio de Administración Tributaria (SAT) y a la Comisión Nacional Bancaria y de Valores (CNBV). Las indagatorias de esas instancias todavía están pendientes de resolución.

La legislación para prevenir e identificar las operaciones con recursos de procedencia ilícita o lavado de dinero considera como actividades vulnerables la recepción de donativos por un monto superior a mil 605 veces el salario mínimo, que al valor de 2017 equivalía a 121 mil pesos. Cuando las aportaciones superan ese monto, se debe dar aviso a la Secretaría de Hacienda. El fideicomiso de Morena recibió más de 44 millones de pesos en efectivo, pero dispersados en decenas de depósitos como los que realizó Esquer. Así le dieron la vuelta al cumplimiento de la ley.

## La pista provino de un informante de Palacio

Las primeras fotografías de la Operación Carrusel habían sido dadas a conocer en julio de 2018 por el periódico *Reforma*,[7] pero en aquel momento no se reveló la identidad de quienes participaron en la maniobra. Fue hasta el 1° de diciembre de 2021 cuando Mexicanos contra la Corrupción y la Impunidad difundió el contenido de los videos de las cámaras de seguridad de dos sucursales de Banco Afirme, y mostró el momento en que Esquer, actual secretario de AMLO, y su colaboradora Denis participaban en la cadena de depósitos hormiga.[8] Fragmentos de esos videos inéditos fueron difundidos en el portal de MCCI y por el sitio Latinus, y de inmediato se volvieron un escándalo. Una vez más, se mostraba a un personaje cercanísimo a López Obrador manejando de manera irregular cuantiosas cantidades en *cash*, como antes se había mostrado a sus hermanos Pío y Martín.

La pista de que Esquer había encabezado el operativo carrusel provino de uno de los informantes de Palacio Nacional. La fuente

---

[7] "Chocan AMLO-INE: ¿vileza o evidencia?", nota de Héctor Gutiérrez publicada el 20 de julio de 2018 en *Reforma*.

[8] "El carrusel de dinero del secretario de López Obrador", investigación publicada el 1° de diciembre de 2021 en la plataforma de Mexicanos contra la Corrupción y la Impunidad y en el sitio Latinus, con información de Vanessa Cisneros y Verónica Ayala.

me compartió un par de fotografías en las que identificó al secretario de López Obrador y a Denis en el interior de una sucursal del banco Afirme. "El señor canoso es Esquer. Estas fotos fueron sacadas de los videos de seguridad —me confió—. Ellos participaron directamente en los depósitos del fideicomiso." El siguiente paso fue buscar la forma de obtener los videos, a los que sólo tienen acceso personal de seguridad, los ejecutivos de las instituciones y autoridades financieras.

Se recurrió a una fuente que podía tener acceso al material y, de manera confidencial, proporcionó cuatro videos con un total de tres horas con 22 minutos de grabación. Las tomas fueron realizadas el 28 de diciembre de 2017 por las cámaras de seguridad de dos sucursales, colocadas detrás de los cajeros, de manera que lo que se aprecia es a los clientes cuando están formados y cuando se colocan frente a la ventanilla para hacer depósitos o retiros de dinero. Fue así como Esquer y sus colaboradores quedaron a la vista de la cámara durante varios minutos y eso facilitó la identificación.

Una vez que se tuvieron imágenes extraídas del video, se mostraron para su cotejo a personas que conocen a Esquer y a Denis. Estas personas también identificaron entre los depositantes a otros empleados de bajo rango de la Presidencia.

El de Esquer era el tercer "videoescándalo" del sexenio que involucraba a personas allegadas a AMLO manejando fajos de billetes. En agosto de 2020 el sitio Latinus había mostrado videos tomados cinco años antes, en los que se apreciaba a Pío López Obrador recibiendo bolsas y sobres con dinero de manos de David León Romero, quien acababa de ser nombrado por el presidente el "zar anticorrupción" en la compra de medicinas.[9] En julio de 2021 Mar-

---

[9] "Los videos de Pío López Obrador recibiendo dinero para la campaña de su hermano", publicada el 20 de agosto de 2020 en el sitio Latinus.

tín Jesús López Obrador, otro hermano del presidente, fue exhibido también en video cuando aceptaba dinero de León Romero en pleno proceso electoral para la campaña presidencial de su hermano Andrés Manuel.[10]

AMLO justificó las transacciones con el argumento de que en el caso de Pío "eran aportaciones" de la gente para su causa política, mientras que, en el caso de Martín, alegó que se trataba de un préstamo. El presidente también salió al quite de su secretario particular para desacreditar los videos del carrusel de *cash*. Como acostumbra cada vez que surge un caso de corrupción que involucra a su gobierno, repitió una de sus frases más socorridas: "Aplican la máxima del hampa del periodismo, de que la calumnia si no mancha, tizna".[11]

Aunque públicamente AMLO aparentó no darle importancia al video de Esquer, fuera de cámaras estaba furioso, tratando de saber quién era la fuente que había proporcionado las más de tres horas de grabaciones.

En el grupo más estrecho del obradorismo había la convicción de que la "garganta profunda" de Palacio para acceder al video era el exconsejero jurídico Julio Scherer. Esa versión fue alimentada por el vocero presidencial, Jesús Ramírez Cuevas,[12] quien alucina conspiraciones por todos lados y, lo peor, envenena con sus intrigas al presidente y alienta la polarización. Pero Jesús está extraviado. Frío, frío. La pista de quién es la fuente está lejos de sus fobias.

---

[10] "El Martinazo. Otro hermano de AMLO en video recibiendo dinero", difundido el 8 de julio de 2021en el sitio Latinus.

[11] Conferencia mañanera del 6 de diciembre de 2021.

[12] "Pelea de perros, segunda parte", columna de Raymundo Riva Palacio publicada el 8 de diciembre de 2021 en *El Financiero*.

## La triangulación del dinero a políticos de Morena

En el contrato del Fideicomiso por los Demás, celebrado en Banca Afirme el 25 de septiembre de 2017, Scherer aparece junto con otros connotados obradoristas, como Bernardo Bátiz, Laura Esquivel y Jesusa Rodríguez, tanto entre los fideicomitentes (personas que aportan recursos) como entre los fideicomisarios (personas receptoras del dinero), así como en el comité técnico que tomaba decisiones.[13]

El fideicomiso fue creado para ayudar a los afectados por el sismo de septiembre de 2017, pero no se tiene certeza de a dónde fue a dar el dinero. Mediante cheques de caja, al menos 34 operadores de Morena recibieron 42 millones de pesos del fideicomiso, y ellos a su vez se habían comprometido a entregarlo a los damnificados.

En su investigación sobre el caso, el INE concluyó que, en realidad, el fideicomiso había sido un esquema de financiamiento paralelo de Morena. El consejero electoral Ciro Muramaya incluso lo comparó con el llamado Pemexgate, el escándalo de corrupción descubierto en 2001, cuando fondos del sindicato petrolero fueron desviados para financiar la campaña del PRI en el año 2000. "Aquí nos enfrentamos a algo similar a aquel caso Pemexgate cuando se cobró dinero en efectivo, no sabemos en qué se usó ni por quién, por eso no hay conclusiones sobre gasto de campaña."[14] Morena replicando las mañas del PRI.

Más aún, la autoridad electoral determinó que las maniobras en torno al fideicomiso representaron "un fraude a la ley", porque no se conocía el origen del dinero, aunque de lo que se tiene evidencia es de que se tiene evidencia de que buena parte de los fondos fueron

---

[13] Contrato de fideicomiso irrevocable de administración 73803 ante la fiduciaria Banca Afirme.

[14] Pronunciamiento del consejero Ciro Murayama en la sesión del INE del 18 de julio de 2018, cuando se aprobó la multa a Morena por 197 millones de pesos.

retirados por políticos de Morena y no por damnificados. Mediante 169 cheques de caja, 70 personas cobraron 64 millones de pesos entre 2017 y 2018, y al menos 56 de los receptores de ese dinero tenían una relación directa con Morena.[15]

Cuando López Obrador asumió la presidencia integró como sus colaboradores al menos a 34 morenistas que habían participado en la Operación Carrusel, ya sea haciendo depósitos o sacando el dinero mediante cheques de caja. Cuatro fueron nombrados superdelegados en Oaxaca, Chiapas, Nayarit y Puebla; cinco subdelegados, 11 directores o jefes de área en la Secretaría del Bienestar, dependencia encargada del reparto de programas sociales, y 14 fueron colocados en cargos operativos.[16]

Entre los participantes del carrusel que fueron recompensados había colaboradores muy cercanos a Gabriel García Hernández, quien durante más de 15 años había sido operador electoral de AMLO (y del que hablaré ampliamente más adelante); dos que habían sido sus choferes (León Felipe Vidaurri y Santiago de la Huerta Cotero) movieron 5.7 millones de pesos; quien fuera su coordinador de logística (Guillermo Genaro Polanco), otros tres millones, y su exsecretario particular (Francisco Javier de la Huerta), 2.6 millones.[17]

Puebla fue clave en el trasiego de fondos del fideicomiso. Rodrigo Abdala Dartigues, sobrino de Manuel Bartlett y a quien nombraron superdelegado en aquella entidad, cobró 1.6 millones de pesos mediante

---

[15] Información obtenida mediante el cotejo de la investigación del INE con la nómina y el padrón de militantes de Morena.

[16] Información revelada por Vanessa Cisneros y Verónica Ayala en la investigación "Cobija AMLO a 34 operadores del 'carrusel', de Morena", publicada el 9 de diciembre de 2021 en la plataforma de Mexicanos contra la Corrupción y la Impunidad y en el sitio de Latinus.

[17] "El papá del carrusel de *cash*", columna de Carlos Loret de Mola publicada el 13 de diciembre de 2021 en *El Universal*.

tres cheques de caja.[18] Dos de los colaboradores de Abdala, subdelegados de Bienestar en Puebla, cobraron 6.5 millones en 16 cheques, y un exempleado poblano de Morena recibió otros dos millones del fideicomiso. Ninguno de ellos, por cierto, fue damnificado por el sismo.

## LA ESTRUCTURA FINANCIERA

Los informantes de Palacio me aportaron una serie de pistas que conectan a Esquer con los operadores de un supuesto esquema de triangulación de fondos públicos creado años antes, y que involucró a organizaciones que financiaban las actividades proselitistas de AMLO.

Al menos dos de esos operadores trabajan ahora en la Presidencia de la República, a las órdenes de Esquer, y otros dos fueron colocados en otras áreas del gobierno federal.

La siguiente historia ayuda a entender la estructura financiera que durante más de una década sostuvo al movimiento obradorista.

★ ★ ★

Desde 2005 y hasta 2018 López Obrador recurrió a esquemas paralelos de financiamiento político. Desde que preparaba su primera campaña presidencial, hasta la tercera y definitiva, sus operadores recaudaron decenas de millones de pesos y buena parte de ese dinero fue en efectivo, perdido en la opacidad, sin reportarse a la autoridad, con lo que se volvía irrastreable, tanto su origen como su destino.

López Obrador ha sido el principal beneficiario de esos fondos, pero en ninguna de las transacciones ni en las asociaciones civiles creadas para recaudar dinero aparece su nombre. Siempre echa por delante a sus

---

[18] Reportes contenidos en el expediente INE/Q-COF-UTF/93/2018.

operadores. Y con ellos ha establecido un pacto de silencio, en caso de que sean descubiertos en algún ilícito. "Si te sorprenden, te callas y te echas la culpa", es una instrucción que se ha dado en reuniones privadas.

Esquer fue una pieza fundamental en la estructura financiera que, durante más de una década, construyó López Obrador para financiar su proyecto político personal. Era parte de un compacto grupo de todas las confianzas de AMLO, que lo acompañó durante sus tres campañas presidenciales. El clan lo encabezaba su paisano Octavio Romero Oropeza, un ingeniero agrónomo originario de Tabasco, a quien invitó a colaborar como su oficial mayor cuando fue jefe de gobierno en la Ciudad de México. Desde esa posición, fue el responsable de vigilar los dineros en la administración capitalina. Romero Oropeza, a su vez, integró a su equipo a Gabriel García Hernández, en ese entonces un joven de apenas 23 años, a quien le asignó una encomienda mayor: la dirección de adquisiciones, cargo que implicaba el manejo de millonarios recursos.

El reclutamiento fue un acierto para las ambiciones políticas de AMLO. Gabriel resultó ser un funcionario leal y disciplinado que atendía sin renegar todas las órdenes. Así que fue la persona ideal para lanzarlo a auxiliar en la creación de las distintas organizaciones civiles que sirvieron como mecanismos de financiamiento paralelo y oculto al proyecto político de López Obrador.

Gabriel García Hernández fundó y fungió como representante legal de la asociación No Nos Vamos a Dejar, A. C., que fue formalizada el 17 de febrero de 2005 ante el notario Sergio Navarrete Mardueño,[19] cuando AMLO todavía era jefe de gobierno, pero ya se perfilaba a su primera candidatura presidencial. Con Gabriel colaboraban Alejandro Encinas y la académica Raquel Sosa Elízaga.

---

[19] Acta constitutiva 72102 levantada ante el notario 128 de la Ciudad de México.

Esa agrupación fue, de alguna forma, el germen de un esquema de captación de dinero y financiamiento político, que después se replicaría y perfeccionaría con otras asociaciones fundadas por el mismo García Hernández.

López Obrador denunció fraude en la elección federal de 2016 y calificó como "presidente espurio" a Felipe Calderón, quien asumió el poder entre protestas y jaloneos. En esta etapa de conflicto poselectoral es cuando se logra articular de manera más sólida un esquema para el financiamiento de las actividades de AMLO y es, además, el momento en que emerge con fuerza Alejandro Esquer.

En septiembre de 2006 Esquer se asoció con Gabriel García Hernández y con César Alejandro Yáñez Centeno Cabrera —otro de los operadores constantes de AMLO—, y juntos constituyeron la asociación civil Honestidad Valiente, ante el notario público Francisco Xavier Arredondo Galván,[20] con el objeto social de "defender los derechos civiles y políticos de los asociados y de terceras personas".

Cuando López Obrador rindió protesta como "presidente legítimo" el 20 de noviembre de 2006, en un acto masivo en el Zócalo, Honestidad Valiente se convirtió en su fuente de financiamiento. Para recaudar donativos se abrió una cuenta en el banco HSBC y posteriormente dos cuentas de inversión en Banorte, que recibían aportaciones de hasta 30 mil pesos, aunque también en la casa de campaña se recibían fondos en efectivo de los simpatizantes. Los legisladores del PRD y del Partido del Trabajo (PT) estaban obligados a aportar un porcentaje de su ingreso mensual.

Con los fondos que recibía Honestidad Valiente se pagaba el sueldo de 50 mil pesos mensuales de AMLO, se cubrían los gastos

---

[20] Escritura pública 41831 otorgada ante el titular de la notaría 173 de la Ciudad de México, el 14 de septiembre de 2006.

de transporte y el costo de impresión de las primeras ediciones del periódico *Regeneración*, con el que Jesús Ramírez Cuevas se granjeó la confianza de López Obrador.

El manejo de los dineros estaba básicamente en manos de Esquer, quien era presidente de la asociación que financiaba el simbólico gobierno obradorista, alterno al de Calderón. En el comité de vigilancia de Honestidad Valiente participaban Laura González Nieto, quien desde hace 22 años ha sido la asistente secretarial de AMLO, y Polimnia Romana Sierra Bárcena, quien coordinó a las Gacelas, el equipo de seguridad de López Obrador cuando fue jefe de gobierno y en su primera campaña presidencial.

El 14 de febrero de 2007 se constituyó Austeridad Republicana, A. C., una nueva agrupación para recaudar fondos a la causa obradorista, que fue formalizada ante el notario Sergio Navarrete Mardueño.[21] Nuevamente reapareció la mano de Octavio Romero Oropeza, pues como presidente de la naciente asociación se nombró a Javier Núñez López, un paisano tabasqueño y su antiguo colaborador en el gobierno de la Ciudad de México.

Núñez López había estudiado la carrera de Derecho en la Universidad Juárez de Tabasco, y se mudó a la Ciudad de México en el 2000 para trabajar con Romero Oropeza, a quien López Obrador nombró en diciembre de aquel año oficial mayor del gobierno de la Ciudad de México.

Una vez más, Gabriel García Hernández participó en la formación de esa otra organización obradorista; en Austeridad Republicana fue secretario fundador, aunque muy pronto dejó el cargo a Elvira Daniel Kabbaz Zaga, hija de Daniel Kabbaz Chiver, dueño de grupo Danhos, un poderoso corporativo inmobiliario al que la

---

[21] Escritura pública 73458 del libro 1831 ante el notario 128 de la Ciudad de México.

administración capitalina facilitó sus negocios desde que AMLO fue jefe de gobierno. Los donativos los recibía Austeridad Republicana en cuentas de Banco Azteca y Banorte.

## Pagos "a nosotros mismos"

La triangulación de fondos de una organización a otra se manifestó desde la víspera de la primera campaña presidencial. Por ejemplo, la asociación No Nos Vamos a Dejar, que fue la primera que creó Gabriel García Hernández, traspasó en 2005 casi un millón de pesos, misma cantidad que Proyecto Alternativo de Nación, para actividades proselitistas de López Obrador.[22]

Esta práctica de la triangulación de fondos se replicaría en la elección de 2012, ahora a favor de la naciente organización Movimiento de Regeneración Nacional, A. C. (el antecedente de lo que hoy es Morena), que había sido constituida el 2 de octubre de 2011, ante el notario 128 Sergio Navarrete Mardueño.[23] El cargo de presidente del consejo de administración de la asociación y representante legal lo asumió César Yáñez, un comunicólogo originario de Colima, quien trabajaba como vocero de AMLO desde que fue jefe de gobierno de la Ciudad de México.

En la elección de 2012 el Partido del Trabajo, Movimiento Ciudadano (MC) y el PRD formaron la coalición Movimiento Progresista para postular a López Obrador para la presidencia, y encomendaron a Alejandro Esquer el manejo de una cuenta bancaria que concentraría

---

[22] Control de folios de 2005 de los recibos para aportaciones de simpatizantes en efectivo, reportadas por el PRD al INE.

[23] Escritura pública 75421 levantada ante el notario 128 de la Ciudad de México.

la mitad de las prerrogativas de los aliados.[24] Sin embargo, en vez de utilizarse íntegramente a actividades de la campaña, una porción del dinero se desvió a la organización presidida por Yáñez.

Al término del proceso electoral de 2012, en el que Peña Nieto fue declarado ganador, la Unidad de Fiscalización del IFE (hoy INE) acusó que el Movimiento de Regeneración Nacional, A. C., se había beneficiado del dinero de la coalición PT-MC-PRD. En la revisión de gastos, detectó la triangulación de al menos 10 millones de pesos, de los cuales cinco millones fueron para pagar la publicación del periódico *Regeneración*, de Jesús Ramírez Cuevas.

Una maniobra resultó particularmente sospechosa: la autoridad electoral localizó un gasto por 1.3 millones de pesos con AFK Comunicación Creativa, S. A. de C. V., cuya aparente dueña era Maricela García Rodríguez, quien a la vez fungía como la contadora de Honestidad Valiente, la asociación creada por Esquer, García Hernández y Yáñez. Los servicios que amparaban la factura del proveedor no eran para la campaña electoral de la coalición, sino para promover un sistema de registro de simpatizantes de López Obrador en el sitio www.apuntateamorena.mx.[25]

En sentido estricto, esta transacción tenía la apariencia de un autocontrato o un pago "a nosotros mismos", pues Esquer era el que manejaba la cuenta bancaria de la coalición y al mismo tiempo era el presidente de Honestidad Valiente, cuya contadora fue la que obtuvo el contrato, mientras que Yáñez era el titular de Movimiento de Regeneración Nacional, que es la asociación que resultó beneficiada con los servicios derivados de ese contrato.

---

[24] "Culpan en PRD al encargado de cuadrar el gasto", nota de Erika Hernández publicada el 1º de febrero de 2013 en *Reforma*.

[25] Resolución del IFE CG270/2013.

Tenga presentes las conexiones entre estos personajes, porque a continuación expondré otro esquema de presunta triangulación de fondos públicos que los involucra.

## CONTRATOS PÚBLICOS A RED DE OBRADORISTAS

Durante la gestión de Marcelo Ebrard como jefe de gobierno de la Ciudad de México, la empresa SAD Desarrollo y Transparencia obtuvo al menos 20 contratos sin licitación por casi 93 millones de pesos.[26] Uno de los accionistas de esta empresa era nada menos que Javier Núñez López, el presidente de Austeridad Republicana. Como ya se dijo antes, Núñez López era una persona cercana a Octavio Romero Oropeza, quien de 2000 a 2006 lo tuvo como el director de recursos materiales en la Oficialía Mayor de la capital.

El doble papel de Javier Núñez como proveedor del gobierno de Ebrard y al mismo tiempo como presidente de Austeridad Republicana abría la posibilidad de que los contratos en la capital en realidad fueran un mecanismo de desvío de recursos públicos al movimiento obradorista. Las suspicacias se avivaron al conocer que los otros socios de SAD también habían sido colaboradores de AMLO cuando gobernó la capital.

En la empresa contratista del gobierno de Ebrard participaron como accionistas Héctor Muñoz Ibarra, quien fue director del Registro Público de la Propiedad en la gestión de López Obrador, y Victoria Guillén Álvarez, exdirectora de los talleres de impresión de la capital. El representante legal de SAD era Gilberto Ramírez Benítez.

---

[26] "Privilegia el GDF a aliados de AMLO", investigación de Manuel Durán publicada el 21 de agosto de 2012 en *Reforma*.

Aquél no fue el único caso de posible triangulación de fondos públicos. El gobierno de la Ciudad de México, la delegación Iztapalapa —gobernada por la obradorista Clara Brugada—, la Asamblea Legislativa del Distrito Federal y dos de los partidos que en aquel momento estaban aliados al movimiento de AMLO (el PT y el PRD) asignaron entre 2008 y 2012 contratos sin licitación por 18 millones de pesos a AFK Comunicación Creativa, una empresa en la que era accionista Maricela García Rodríguez,[27] la contadora de la asociación Honestidad Valiente.

Es decir, autoridades vinculadas al obradorismo asignaron en conjunto más de 111 millones de pesos a empresas propiedad del presidente y la contadora de dos organizaciones que recaudaban dinero para el movimiento de López Obrador. ¿Casualidad o maquinación para el desvío de fondos públicos? Estos casos fueron denunciados en su momento a las autoridades electorales, pero las investigaciones —como suele ocurrir— se quedaron cortas y no pasó nada.

## OPERADORES DE LA "TRIANGULACIÓN" TRABAJAN EN PALACIO NACIONAL

Cuando en noviembre de 2015 Esquer fue nombrado secretario de Finanzas de Morena, integró como empleada administrativa de ese partido a Maricela García Rodríguez,[28] una contadora egresada del Politécnico, quien años antes se había ostentado como dueña de AFK Comunicación Creativa. ¿Por qué razón una empresaria que había recibido millones de pesos en contratos aceptó un trabajo de auxiliar de oficina?

---

[27] "Nutre GDF a círculo financiero de AMLO", investigación de Nayeli Cortés, Johanna Robles y Elena Michel publicada el 28 de agosto de 2012 en *El Universal*.

[28] Esquer contrató Maricela García por honorarios, con un sueldo de 36 mil pesos mensuales, menos el ISR, según consta en documentos obtenidos para esta investigación.

Esquer también metió a la nómina de Morena a Gilberto Ramírez Benítez, quien de representante legal y administrador de SAD Desarrollo y Transparencia pasó a desempeñarse como analista de datos.[29]

Al asumir la presidencia de la República en diciembre de 2018, López Obrador integró a Esquer como su secretario particular, y éste, a su vez, sumó a su equipo tanto a la supuesta dueña de AFK como al representante de SAD. A Maricela la nombró directora general de Finanzas y Presupuesto de la Presidencia, y a Gilberto, director de Tecnologías de la Información.

Marco Antonio García Horsman, quien entre 2011 y 2012 había sido gerente de planeación en sistemas en AFK, también encontró acomodo como supervisor de sistemas en la Presidencia.

En las fichas curriculares tanto de Maricela García como de Gilberto Ramírez consta que, al momento de su nombramiento en la Presidencia, ambos carecían de experiencia en la administración pública. El único antecedente laboral que ambos reportaron fue haber trabajado para Esquer en Morena, entre 2016 y 2018.[30] Ni en su expediente laboral ni en sus declaraciones patrimoniales incluyeron datos sobre su supuesta incursión empresarial en AFK y en SAD. ¿Fue acaso una simulación su participación en ambas compañías que obtuvieron millonarios contratos en el gobierno de Ebrard? Hay indicios de que así fue. Gilberto Ramírez aparecía en el padrón de proveedores del gobierno capitalino como administrador de SAD al mismo tiempo que se desempeñaba como auxiliar administrativo en el Partido del Trabajo, con un sueldo de nueve mil pesos men-

---

[29] Desempeñó ese cargo de enero de 2017 a marzo de 2019, con un sueldo idéntico al de Maricela García, la dueña de AFK, según documentos obtenidos por este reportero.

[30] Fichas curriculares contenidas en expedientes del área de recursos humanos de la Presidencia de la República.

suales.[31] El mismo cargo de oficinista había desempeñado antes en la Procuraduría General de la República (PGR) y luego en un efímero trabajo de dos meses que tuvo en el Senado, en donde su labor consistía en elaborar reportes. De tecnologías de información no sabía nada, y pese a ello lo nombraron director de esa área. Empleados de la Presidencia dan testimonio de que ese trato privilegiado se debe a su cercanía con Esquer, a quien ha servido con lealtad.

Otros participantes en las maniobras que parecían encubrir triangulaciones al movimiento obradorista también encontraron espacio en la nómina federal.

Javier Núñez López, quien alternó su doble labor de presidente de Austeridad Republicana y accionista de SAD Desarrollo y Transparencia, ahora es asesor en Pemex, dependencia cuyo director es su paisano y padrino político, Octavio Romero Oropeza. Victoria Guillén Álvarez, también accionista de SAD, es la actual directora de la Comisión Nacional de Libros de Texto Gratuitos.

## EL FACTURERO DE MORENA

Algunas revelaciones y pistas que me aportaron los informantes de Palacio las compartí con las periodistas Blanca Corzo y Vanessa Cisneros, de MCCI, quienes a partir de esa información elaboraron una investigación sobre un facturero que daba servicios a Morena, y que en redes sociales presumía las fotografías que se tomaba al lado de políticos de ese partido, como López Obrador y su hijo José Ramón. Su historia ampliada es la siguiente.

---

[31] "Gobierno de DF privilegia con contratos a empresas filiales a AMLO", investigación de Nayeli Cortés, Johanna Robles y Elena Michel publicada el 28 de agosto de 2012 en *El Universal*.

★ ★ ★

Gabriel Rodrigo Violante Durán es un joven originario de Texcoco que con frecuencia acompaña a AMLO en sus giras por el país. Su cargo formal en la Presidencia es de jefe de departamento en la Coordinación General de Comunicación Social y Vocería del Gobierno de la República, aunque en la práctica forma parte de la avanzada que prepara los recorridos del presidente en los estados. Desde que entró a trabajar a Palacio Nacional el 16 de diciembre de 2018, ha participado en coordinar la logística de las actividades de López Obrador en al menos 40 giras.[32]

Antes de ser el organizador de las giras de AMLO, Violante Durán fue empleado de una empresa que el SAT ha identificado como facturera.[33] Su anterior empleo consistía en apoyar en "la logística e imagen de eventos" de Servicios Logísticos HMC Negrete, compañía que está en el listado definitivo de contribuyentes que simulan operaciones,[34] lo que coloquialmente se conoce como "empresas fantasma", por carecer de infraestructura y capacidad para desempeñar las actividades por las que emiten facturas.

El jefe de Violante Durán en la empresa fantasma era Marco Antonio Negrete Galicia, quien en sus redes sociales solía presumir fotografías con políticos de Morena.

Negrete Galicia era la cara visible de HMC Negrete, pues además de socio era el administrador, firmaba los contratos y participaba activamente en supervisar mítines de Morena. Su empresa fue

---

[32] En los comprobantes de gastos de viaje del funcionario se describen sus actividades como "coordinación logística de las actividades de las giras".

[33] Ficha curricular contenida en el expediente de Gabriel Rodrigo Violante Durán, en la Coordinación General de Administración de la Presidencia.

[34] Oficio 500-05-2019-27836 del SAT del 17 de septiembre de 2019.

constituida el 24 de julio de 2015, con domicilio fiscal en un callejón de San Gregorio Atlapulco, en Xochimilco, y la principal actividad era la "contratación y/o subcontratación y representación de artistas, orquestas y todo tipo de espectáculos". Desde que fue creada tuvo como sus principales clientes a políticos de Morena, con contratos que han superado los 30 millones de pesos.[35]

Dicha empresa fantasma emitió a ese partido mil 765 comprobantes fiscales por más de 21 millones de pesos.[36] A ese monto se añaden más pagos realizados por alcaldes y candidatos morenistas. Por ejemplo, entre 2016 y 2019 el gobierno de Texcoco le otorgó al menos 34 contratos por casi cinco millones de pesos por servicios tan diversos como renta de sillas, mesas, equipos de sonido, vallas y templetes, así como la organización de conciertos, entre ellos uno realizado el 15 de septiembre de 2016 con el cantante Lupillo Rivera. La mayor parte fueron asignaciones cuando la alcaldía la ocupó Higinio Martínez, actual senador por Morena.

La secretaria de Educación Delfina Gómez también llegó a recurrir en el pasado a los servicios de la empresa fantasma. En 2016, cuando se desempeñaba como diputada federal, le pagó 480 mil pesos por la logística de un informe de actividades, y cuando fue candidata a gobernadora del Estado de México se pagaron 15 millones de pesos por supuestos servicios en mítines.[37]

En la campaña de Delfina se contrató también a Servitransportadora Turística Olmeca, otra empresa oficialmente declarada fantasma

---

[35] Una primera versión de esta investigación fue realizada por Blanca Corzo y Vanessa Cisneros y publicada el 19 de octubre de 2021 en la plataforma de MCCI y en El Universal con el título "El fantasma que creció a la sombra de Morena".

[36] "Desde su creación, Morena usó empresas fantasmas", investigación de Silber Meza publicada el 16 de agosto de 2021 en El Universal.

[37] Denuncia del representante del PRI ante el INE, Jorge Carlos Ramírez Marín.

por el SAT,[38] que cobró casi cinco millones de pesos para transportar simpatizantes a actividades proselitistas.[39]

## EL FACTURERO Y JOSÉ RAMÓN LÓPEZ BELTRÁN

José Ramón López Beltrán era el enlace de Morena en el Estado de México cuando se realizaron los comicios para renovar la gubernatura en aquella entidad, lo cual lo involucró de alguna manera en la contratación de las empresas fantasma en la campaña de Delfina.

El hijo mayor de AMLO realizaba labores todoterreno, recorriendo a pie o en vehículo los distintos municipios mexiquenses, promoviendo el voto directamente con la gente, en las colonias y comunidades, pero, sobre todo, creando la estructura electoral de apoyo a Delfina. Así, contribuyó a formar 6 mil 500 comités seccionales de Morena en el Estado de México que realizaron labores proselitistas y de defensa del voto el día de la elección. Esa misma red sirvió de apoyo en 2018 a la campaña de López Obrador.

En sus recorridos por la zona de Texcoco, José Ramón coincidió con Marco Antonio Negrete Galicia, quien alternaba su labor como administrador de HMC Negrete y como promotor de Morena. Del encuentro del hijo de AMLO con el facturero hay constancia en fotografías que éste compartió en su cuenta de Facebook. En una de las imágenes tomadas durante la campaña presidencial de 2018 José Ramón aparece en cuclillas, posando con un grupo de promotores de Morena, entre ellos Marco Antonio Negrete Galicia y su entonces

---

[38] Empresa incluida en el listado global definitivo de empresas simuladoras de operaciones publicado el 30 de abril de 2021 en el *Diario Oficial de la Federación*.

[39] Monto reportado por el Tribunal Electoral, en un procedimiento en el que advierte a Morena que omitió presentar avisos de contratación con esa empresa.

empleado Rodrigo Violante, quienes sonríen junto a una botarga de López Obrador.

Al facturero Negrete Galicia le gustaba presumir en redes sociales su cercanía con políticos de Morena y compartía orgulloso las fotografías de los servicios que daba a ese partido político, en particular en las campañas de Delfina Gómez y AMLO. En redes sociales aparece posando al lado de la actual titular de la Secretaría de Educación Pública (SEP), y con Horacio Duarte, administrador general de Aduanas.

El 5 de febrero de 2017 Negrete Galicia difundió en Facebook la fotografía panorámica de un mitin de Delfina, con el siguiente mensaje: "Gracias a todo mi equipo de trabajo Servicios Logísticos Negrete. El primero de muchos". El acto de proselitismo al que hizo referencia se había realizado afuera del estadio de Ciudad Neza, y fue encabezado por López Obrador, quien en un recorrido posterior se tomó una fotografía con el administrador de la empresa fantasma; el facturero lo abrazó y ambos posaron sonrientes para la cámara.

### ESQUER, EL CONTRATISTA DE LOS FANTASMAS

Desde su cargo como secretario de Finanzas en Morena, Alejandro Esquer firmó contratos con empresas fantasma. Lo hizo incluso para actos de campaña que encabezó López Obrador en 2018.[40] Estas operaciones las revelé a inicios de noviembre de 2020 en *El Universal* y fue a partir de esa publicación que uno de los informantes de Palacio

---

[40] Una primera versión de esta noticia la publicó Raúl Olmos el 9 de noviembre de 2020 en la plataforma de MCCI y en *El Universal* con el título "Esquer contrató empresas fantasmas para eventos y anuncios de AMLO en campaña del 2018".

me contactó para contarme secretos de Esquer y me aportó la pista de "La Casa Gris".

Para servicios de logística en 15 mítines a los que AMLO asistió en igual número de localidades en Puebla entre el 2 y el 6 de febrero, se contrataron los servicios de Ligieri de México, S. A. de C. V., una empresa que el SAT ha identificado como facturera.[41]

El propio Esquer había suscrito el contrato con esa empresa el 1° de febrero de 2018. En las facturas entregadas al área de fiscalización del INE, Morena aseguró que por cada uno de los eventos pagó 36 mil 450 pesos, monto que amparaba la renta y colocación de templetes, equipo de sonido, carpas, vallas de seguridad, escenario y lonas. En conjunto, por los 15 eventos de precampaña en Puebla, Morena desembolsó 546 mil pesos.[42]

Sin embargo, un recurso de queja presentado en julio de 2018 ante el INE aseguraba que ese cobro no correspondía a la realidad; que cada acto político habría costado entre 398 mil y 730 mil pesos, lo que daría en realidad una suma conjunta por los 15 mítines de 6 millones a 11 millones de pesos.[43] Los pagos en *cash* que acostumbraba hacer Esquer eran útiles para reducir el monto reportado al INE. Eran una forma de darles la vuelta a los topes de gasto que imponía la autoridad electoral.

Esquer también firmó para actos proselitistas de 2018 un contrato con ENEC Estrategia de Negocios y Comercio, S. A. de C. V., otra empresa fichada por el SAT como fantasma o simuladora de

---

[41] Resolución publicada en el *Diario Oficial de la Federación* el 7 de septiembre de 2020, aunque la investigación sobre la empresa inició dos años antes.

[42] Contrato de prestación de servicios suscrito el 1° de febrero de 2018 en la Ciudad de México. Por Morena firmó Alejandro Esquer y por Ligieri el representante legal, Juan Carmona Hidalgo.

[43] Recurso de queja presentado ante el INE por la representante del PAN, por rebase de gastos de precampaña en Puebla.

operaciones.[44] En este caso el contrato lo suscribió el 24 de enero de 2018 y amparaba el pago de 348 mil pesos para el arrendamiento de 10 espectaculares en avenidas de la ciudad de Puebla, cada uno a un promedio de 34 mil pesos. El proveedor se comprometió, además, a proporcionar el material publicitario, el cual debió ser reciclable y fabricado con materiales biodegradables. Una vez más, el pago fue bajísimo, en comparación con el precio al que se cotiza ese tipo de anuncios.

## Usan identidad de personas de bajos recursos

Para la creación de las dos empresas fantasma que fueron contratadas por Esquer se utilizó la identidad de personas de bajos recursos. Ligieri de México fue creada el 14 de abril de 2016 ante el notario público Mario Alberto Montero Serrano, de San Andrés Cholula, Puebla.[45] La supuesta dueña mayoritaria —con 80% de las acciones— y administradora única de la empresa es una mujer que aparece en el padrón de beneficiarios de Liconsa, un programa de abasto de leche para familias pobres.

En el acta constitutiva se anotó que la empresa tendría por objeto 86 diversas actividades, incluidos servicios de asesoría jurídica, financiera, fiscal, contable y administrativa; organización de todo tipo de eventos; adquisición de inmuebles; presentación de cantantes, imitadores, magos, músicos y teatro guiñol; servicios de audio y video; elaboración y venta de comida; comercio exterior, explotación de franquicias, distribución de equipos de comunicación y transportación de mercancías.

---

[44] Resolución publicada el 16 de abril de 2020 en el *Diario Oficial de la Federación*.
[45] Empresa inscrita en el Registro Público de Comercio de Puebla con el folio mercantil N-2016005889.

Justo un año después de haber dado servicios a Morena, Ligieri de México fue liquidada. En febrero de 2019 se disolvió la empresa ante un notario del municipio de Zacatelco, en Tlaxcala. La liquidadora fue una estudiante de 19 años de edad, la cual, al igual que la dueña, es beneficiaria de programas sociales en Puebla.

En cuanto a ENEC Estrategia de Negocios y Comercio, S. A. de C. V., esta empresa se creó el 21 de octubre de 2015 ante la notaria Norma Romero Cortés, de Puebla. Su objeto social principal era la comercialización de todo tipo de artículos, la maquila de impresión, la distribución de equipos de comunicación y la organización de eventos.[46] El aparente dueño era el empleado de un despacho contable y la administradora única una mujer que reside en una colonia de interés social, en la periferia de Puebla.

Esta empresa fue liquidada el 8 de octubre de 2018, a los nueve meses de haber suscrito contrato con Morena, en una notaría de Calpulalpan, Tlaxcala. Tenía su domicilio fiscal en un edificio en el centro de Puebla, en el que se rentan oficinas virtuales por día o por semana. Cuando la autoridad fiscal acudió en busca de la empresa, ésta ya había desaparecido.

Estos dos casos no son excepcionales. Morena ha recurrido frecuentemente a factureras, como más adelante se mostrará. Desde que en 2014 obtuvo su registro como partido político, ha celebrado contratos con 64 empresas fantasma, las cuales le han emitido 2 mil 445 comprobantes fiscales.[47] La mayoría de estas operaciones fueron con Esquer al frente de la Secretaría de Finanzas.

---

[46] Empresa inscrita en el Registro Público de Comercio de Puebla el 30 de octubre de 2015 con el folio mercantil 55864.

[47] "Desde su creación, Morena usó empresas fantasma", investigación de Silber Meza publicada el 16 de agosto de 2021 en *El Universal*.

El 9 de noviembre de 2020 Mexicanos contra la Corrupción y la Impunidad publicó, en alianza con *El Universal*, la noticia de que Esquer había contratado a las empresas fantasma ENEC y Ligieri. Ese día, en la mañanera, López Obrador salió en defensa de su secretario particular. Primero desacreditó la información, luego afirmó que estaba de acuerdo con que se le investigara, y casi de inmediato se desdijo.

—¿Usted sabía de estos contratos? —le preguntó un reportero al presidente.

—No, no sabía, pero es parte de la campaña de desprestigio a nuestro gobierno, es el otro pasquín inmundo, *El Universal*, ¿o es otro periódico?

—Salió en *El Universal* hoy.

—Ah, sí.

—¿Usted ordenaría una investigación o cesaría a su secretario particular?

—Sí, no hay ningún problema que se investigue, que se aclare.

—¿Usted entonces sí llamaría a esta investigación?

—Sí, que se aclare, pero es parte de la campaña, o sea, tanto Junco, el dueño del *Reforma*, como Ealy Ortiz, dueño de *El Universal*, son como los líderes morales, espirituales, del Frenaaa 1 y del Frenaaa 2.

Luego dedicó los siguientes minutos a decir que en su gobierno no hay censura, que hay libertad, y que en cambio en los medios hay una campaña en su contra. Uno de los asistentes a la mañanera lo atajó e intentó reencauzar la entrevista al tema de las empresas fantasma contratadas por Esquer.

—Presidente, ¿hoy tuvo oportunidad de platicar con su secretario particular sobre esta información?, ¿o usted desconocía sobre este tema?

—No, no tenía yo conocimiento, pero ya se va a informar sobre el hecho sin ningún problema —contestó el presidente, y de nuevo cambió de tema.

Al paso de los meses no hubo ninguna consecuencia. Esquer permaneció como el supersecretario de Palacio y López Obrador jamás informó de la supuesta investigación que ofreció que se haría sobre esos contratos. Indagar en torno a tales transacciones equivalía a darse un balazo en el pie.

## EL VOCERO SE DELATÓ CON PAGO A EMPRESA FANTASMA

El uso de empresas fantasma en Morena ha sido comprobado y evidenciado por el SAT durante la gestión de Raquel Buenrostro, una de las funcionarias de mayor confianza de AMLO, con quien ha colaborado desde que él fue jefe de gobierno en la capital del país. El 18 de marzo de 2020 esa instancia federal determinó que Benefak, S. A. de C. V., simulaba operaciones comerciales, por lo que fue incluida en el listado definitivo de empresas factureras.[48]

¿Por qué fue relevante esa resolución del SAT? Porque la empresa señalada como fantasma había sido contratada en 2016 por Morena para la supuesta impresión del periódico *Regeneración*, el cual fue fundado y dirigido por el actual vocero de la Presidencia de la República, Jesús Ramírez Cuevas.[49] Y el periodo que el SAT revisó para determinar que Benefak incurrió en la simulación de operaciones fue precisamente enero-diciembre de aquel año.

---

[48] Resolución del SAT publicada el 16 de abril de 2020 en el *Diario Oficial de la Federación*.

[49] Una primera versión de esta noticia, escrita por Raúl Olmos, fue publicada el 10 de noviembre de 2020 en el portal de MCCI y en *El Universal* con el título "Morena Tabasco contrató empresa fantasma para editar *Regeneración*".

El propio Ramírez Cuevas difundió en su cuenta de Twitter una factura, un cheque y un estado de cuenta bancario que comprueban que Morena de Tabasco utilizó a la empresa fantasma, la cual tiene como supuesta dueña a una mujer de la región de la Cañada de Oaxaca, a quien le robaron la identidad.

¿Cómo es que el propio vocero se exhibió a sí mismo? Esto ocurrió en junio de 2018, cuando el periódico *Reforma* publicó una factura certificada por el SAT que mostraba que Morena había pagado 58 millones de pesos en el primer semestre de 2016 por la impresión del periódico *Regeneración*.[50] El entonces candidato a la presidencia, Andrés Manuel López Obrador, reconoció que se habían pagado los servicios de esa empresa, hoy identificada como fantasma por el SAT, pero que el pago no había sido por 58 millones, sino por 58 mil pesos. ¿Nuevamente el *cash* hizo la magia de reducir el monto de la factura?

"Les vamos a enviar [a *Reforma*] la copia de la factura y el cheque", ofreció López Obrador el 21 de junio de 2018 en su cuenta de Facebook. Casi a la par, su vocero Jesús Ramírez escribió en su cuenta de Twitter: "Aquí las facturas originales que desmienten la primera plana de *Reforma*". Y anexó a su mensaje el comprobante fiscal de Benefak expedido a Morena por concepto de "impresión de periódico *Regeneración* Tabasco".

Además, compartió el cheque a favor de Benefak y copia del estado de cuenta de Morena en el que consta el pago a la mencionada empresa que el SAT ha declarado oficialmente simuladora de operaciones comerciales.

En octubre de 2018 el periodista Fernando del Collado entrevistó a Jesús Ramírez en su programa *Tragaluz* en Milenio-TV, y ahí le preguntó por Benefak.

---

[50] "Indagan a Morena tabloide millonario", nota de la redacción publicada el 21 de junio de 2018 en *Reforma*.

—¿Sabe los riesgos a los que se expondrá por solapar o tergiversar? —le preguntó Del Collado.

—Por supuesto que sí —respondió Ramírez.

—¿Y por triangulación del erario?

—Quien cometa un delito de esa naturaleza irá a la cárcel.

—¿Nunca lo ha hecho?

—Nunca.

—¿Ni en *Regeneración*?

—Ni en *Regeneración*.

—¿Al final fueron 58 millones o 58 mil pesos por tiraje?

—Cincuenta y ocho mil pesos por tiraje de *Regeneración* en Tabasco.

—¿Eso ya lo supo el SAT?

—Las dos facturas que se presentaron vienen del mismo origen.

—¿Y conoce a la empresa Benefak?

—No la conozco.

En aquel momento no se sabía que Benefak era fantasma. El SAT ya tenía en curso una investigación sobre la empresa, pero la concluyó hasta 2020, ya durante el gobierno de López Obrador.

En reiteradas visitas, los auditores del SAT constataron que el domicilio fiscal de Benefak era una casa que tenía dos años desocupada dentro de un pequeño condominio en Puebla. El SAT requirió entonces al Instituto Mexicano del Seguro Social (IMSS), a autoridades de Puebla y a la Secretaría de Comunicaciones y Transportes que hicieran un rastreo de trabajadores, bienes inmuebles o vehículos inscritos, y todas las dependencias reportaron que no había rastros de esa empresa.[51]

---

[51] El IMSS emitió el 12 de septiembre de 2018 el oficio 22.91.05.100/1332/2018 en el que notificó al SAT que Benefak no tenía trabajadores registrados.

La autoridad fiscal realizó un cotejo de los comprobantes fiscales emitidos por Benefak y llegó a la conclusión de que "sin lugar a dudas nunca se realizó la prestación de servicios, ni enajenación de bienes, pues no existe ninguna evidencia de que ello hubiera ocurrido, al no contar con personal, activos e infraestructura".[52]

En la revisión, el SAT detectó que Benefak facturaba al año más de 70 millones de pesos y que entre los receptores de sus comprobantes fiscales habían estado los gobiernos de Tlaxcala, Puebla, Tabasco y Quintana Roo.

## LE ROBARON LA IDENTIDAD A UNA MUJER DE UNA ZONA RURAL DE OAXACA

Benefak, S. A. de C. V., fue constituida el 17 de febrero de 2014, ante el notario Alejandro José Vidaña Luna, del municipio de Cosolapa, ubicado en la región del Papaloapan, en los límites de Oaxaca con Veracruz.[53] En el acta constitutiva se menciona que la empresa fue creada con 12 objetos sociales, entre ellos la comercialización, mantenimiento y renta de todo tipo de maquinaria pesada; venta de refacciones, accesorios, combustibles, lubricantes, computadoras, refrigeradores y muebles de oficina, así como la construcción de todo tipo de obras. Ninguno de los objetos sociales tiene que ver con el diseño y la impresión de periódicos o revistas, que es el servicio por el que Morena le emitió un cheque.

---

[52] Oficio de notificación 500-63-00-04-01-2019-2944 emitido el 16 de abril de 2019 por la Administración General de Auditoría Fiscal Federal.

[53] La empresa fue inscrita en el Registro Público de Comercio de Puebla el 3 de marzo de 2014, con el folio mercantil electrónico 51401.

En enero de 2019 viajé a la localidad rural de Teotitlán de Flores Magón, en Oaxaca, en donde localicé a Donají Corrales Ramírez, una mujer en situación de pobreza que vive en una casa de láminas de cartón, y que aparece en actas como accionista y administradora única de Benefak; ella negó conocer a la empresa, por lo que sospecha que le robaron su identidad cuando gestionó ayuda en el programa social que se conocía como Prospera.

—Usted aparece en un acta de una empresa que se llama Benefak como supuesta dueña. ¿Conoce usted esta empresa?

—Desconozco, no sé de qué me habla.

—¿Alguna vez le habían comentado de esa empresa?

—Para nada, me cae de extraño que me vengan a buscar a mi domicilio y de esta empresa nunca había escuchado ese nombre.

—¿Es usted beneficiaria de programas sociales?

—De Prospera.

—Cuando usted se registró en Prospera, ¿aportó documentos?

—Sí, acta de nacimiento, credencial de elector, CURP [Clave Única de Registro de Población], recibo de luz, tanto mío como de mis hijos.

—¿Conoce a la señora Patricia Dominga García Ruiz, quien en el acta aparece como su socia?

—No, desconozco, no conozco a esa persona.

—¿El nombre de Benefak le suena?

—Para nada.

—Hay un personaje que se llama José Rosalino Reyes, que según el acta usted y su socia le otorgaron poder en la empresa. ¿Conoce a ese señor?

—No, no sé quién sea esa persona. Se me hace raro todo esto y más que digan que yo soy la administradora única. No estaría yo en estas condiciones. Me cae de extraño todo esto.

—Para que este señor le hiciera válido el poder y los manejos de la empresa, se requería que usted le otorgara una firma. ¿En algún momento firmó algún documento sin tener certeza de qué era, de qué trataba?

—No, nunca. Siempre tengo cuidado, soy muy precavida para firmar cualquier cosa, y menos algo en blanco. Yo leo lo que voy a firmar. Pero no, no conozco ni a la señora ni al señor que me dice. No conozco a nadie y yo me quito de todo eso, no me hago responsable de nada de eso.

—¿Usted a qué se dedica?, ¿cuál es su actividad?

—Yo soy ama de casa, yo dependo de mi esposo.

# III

# La señora del dinero

## EL VÍNCULO CON BAKER HUGHES

Cuando salió a la luz "La Casa Gris" de Houston, que era propiedad de un alto ejecutivo de Baker Hughes, de inmediato todos los involucrados en el caso salieron a negar cualquier posible conflicto de interés, vínculo o relación con la compañía multinacional de servicios petroleros.

Pero nueva información obtenida para este libro revela que Carolyn Adams, la nuera del presidente de México, mantiene una sociedad de negocios con un empresario que trabaja en alianza con una compañía en la que tiene participación accionaria Baker Hughes.

El socio de Carolyn es un viejo contratista de Pemex con intereses en la refinería de Dos Bocas y que ha sido señalado de haberle prestado sus residencias en Woodlands, Texas, antes de que ocupara "La Casa Gris". Los detalles de esa conexión los expondré con detalle, más adelante, en el desarrollo de este capítulo.

★ ★ ★

La investigación sobre "La Casa Gris" fue publicada la noche del jueves 27 de enero de 2022, simultáneamente por las plataformas de Latinus y de Mexicanos contra la Corrupción y la Impunidad, pero no fue sino hasta el lunes 31 de enero cuando López Obrador abordó el tema. La mayoría de los medios de comunicación también decidió no abordar ni citar inicialmente el reportaje. Ese fin de semana de silencio del presidente y de los medios contrastó con el estruendoso debate que se desató en redes sociales. En varios días consecutivos el tema fue tendencia en Twitter y el video que mostraba la residencia que habían ocupado en Houston José Ramón López Beltrán y su pareja se volvió viral. El centro de la discusión, en aquellos primeros días, era sobre la contradicción entre el exhorto constante del presidente a llevar una vida de austeridad y la ostentosa vida de su hijo mayor en Houston, quien había habitado una residencia en la que sobresalía una alberca alargada de 23 metros y las comodidades de tener un salón de juegos, bar y cine privado.

Al día siguiente de la publicación del reportaje López Obrador evitó hablar del tema en la mañanera. Dejar pasar era una estrategia que ya había seguido antes con la revelación de otros casos de corrupción en su gobierno. Hacer el vacío era una forma de sofocar la discusión. Así que quedarse callado fue la decisión que tomó, en espera de que la polémica se desvaneciera. Pero ocurrió exactamente lo contrario: el mutismo del presidente y de sus seguidores fue a contracorriente de la creciente controversia que desataron las imágenes de "La Casa Gris". Para muchos fue como un balde de agua fría atestiguar cómo vivía en Houston el hijo del autonombrado "presidente de los pobres". Los videos y fotografías compartidos masivamente en redes sociales, que mostraban el interior y exterior de la residencia de Houston, iban en sentido opuesto al discurso de vivir "en la honrosa medianía", sin excesos ni lujos, porque ese estilo de vida de ostentación —según palabras de AMLO— era una ofensa para el pueblo.

Eso fue lo que más le dolió a López Obrador: que su propio hijo hubiera puesto en entredicho sus palabras; que lo hubiera mostrado como un hipócrita, que en público exhortaba a la gente a conformarse con un par de zapatos, mientras José Ramón se daba una vida de rico. Esto conducía a una pregunta obligada: ¿de dónde había obtenido dinero el hijo del mandatario mexicano para tener ese estilo de vida si, apenas tres años antes, había confesado que no sabía a qué se iba a dedicar?

La respuesta la dio el propio presidente en la conferencia mañanera del 31 de enero, cuando abordó por primera vez el tema de "La Casa Gris". Sin referirse a Carolyn Adams por su nombre ni como su nuera, López Obrador salió a defender a su hijo con una frase que se ha vuelto emblemática en esta historia: "Ellos se casaron y al parecer la señora tiene dinero". Y de inmediato aclaró: "Pero no tiene nada que ver con el gobierno, ni un contrato, ni una recomendación".

¿Y quién es esta señora que tiene dinero, a la que el presidente nunca se refiere por su nombre? ¿Con qué empresas y empresarios ha tenido vínculos? ¿Para quién ha trabajado? ¿Quién es el misterioso socio con conexiones con Baker Hughes? A continuación, un perfil de ella y una aproximación a algunas de sus relaciones de negocios.

## CAROLYN CREÓ COMPAÑÍA PARA REPRESENTAR A EMPRESARIOS

Hay un dato hasta ahora desconocido: Carolyn Adams es accionista mayoritaria de una empresa que tiene como objetivo principal representar a compañías y a empresarios en negocios de todo tipo en México, ya sea como agente, comisionista o intermediaria. Es una cabildera profesional.

El 12 de septiembre de 2017 el notario público número 30 de la Ciudad de México, Rafael Arturo Coello Santos, atestiguó la creación de la sociedad mercantil CA Twelve, S. A. de C. V., una compañía multiservicios en la que aparece como dueña casi única Carolyn Adams.[1] Las letras "CA" de la empresa corresponden a las iniciales de la actual pareja de José Ramón López Beltrán.

En el acta constitutiva, el notario Coello anotó como primer objetivo de CA Twelve el participar como socia, accionista o inversionista en toda clase de empresas, mexicanas o extranjeras, además de comprar, vender o permutar acciones y partes sociales de compañías de cualquier tipo.

La naciente empresa fue inscrita en el Registro Mercantil de la Ciudad de México con otros 10 objetos sociales, que le permiten realizar prácticamente todo tipo de negocios, entre ellos celebrar convenios o contratos; operar franquicias, dar servicios de consultoría, realizar tareas de comercialización, explotar marcas y licencias; así como adquirir, vender o arrendar oficinas, edificios, fábricas, plantas industriales y bodegas.[2]

Pero hay un objeto social que, en lo particular, se apega a la perfección al perfil de la dueña de la empresa: CA Twelve —y por tanto Carolyn— tiene la facultad de "representar a toda clase de personas físicas o morales, nacionales o extranjeras", tanto en México como fuera del país, en calidad de "agente, comisionista, contratista, intermediario, factor, representante legal, mandatario, o apoderado". Carolyn ya había desempeñado antes esas tareas de gestión y de representación de intereses de empresas del sector petrolero con presencia internacional, servicios que puede ampliar con su empresa.

---

[1] Acto formalizado ante el notario 30 de la Ciudad de México, por instrumento 114010, libro 2618.

[2] Folio Mercantil Electrónico N-2017092984, inscrito en el Registro Público de Comercio de la Ciudad de México.

Ante el notario, la pareja del hijo mayor de AMLO se presentó como Carolyn Solano Adams. Ése es el nombre legal de la pareja de José Ramón López Beltrán. Lleva primero el apellido de su mamá, Tereza Catarina Solano, porque es ciudadana brasileña, y una práctica frecuente en Brasil es que en el registro de los hijos se privilegie el apellido de la madre. Aunque públicamente ella ha decidido colocar primero el apellido de su papá Carlos Alberto Adams.

Dijo al notario ser de nacionalidad extranjera y haber nacido el 12 de diciembre de 1983.

Cuando CA Twelve fue creada, se estableció que tendría una duración de 99 años. Tras cinco años, el Registro Mercantil no reporta ninguna operación de venta o traspaso de acciones, ni fusiones, por lo que públicamente Carolyn se mantiene como la dueña mayoritaria. El último movimiento ocurrió el 21 de noviembre de 2017, cuando fue inscrita el acta constitutiva que había sido formalizada dos meses antes ante el notario Coello Santos.

## EL SOCIO DE CAROLYN, CON INTERESES EN BAKER HUGHES

Para crear CA Twelve, Carolyn se asoció con el empresario mexicano Eduardo Joel Arratia Vingardi, un antiguo contratista de Pemex, quien tiene alianzas con proveedores de la refinería Dos Bocas, una de las obras emblema del presidente López Obrador, y que ha trabajado en proyectos con compañías multinacionales de servicios petroleros, entre ellas Baker Hughes, que ha estado en el centro de la polémica de "La Casa Gris".

En el acta constitutiva de CA Twelve quedó asentado que Carolyn posee 49 de 50 acciones, lo que la convierte en la propietaria de 98% de la empresa, mientras que su socio posee el 2 por ciento.

Carolyn es, además, la administradora única de la empresa, lo que le da facultades para tener el control en aspectos legales, laborales y financieros.

Su socio, Arratia Vingardi, un hombre de mediana edad nacido en 1965, es dueño de SCAP, S. A. de C. V., una empresa de servicios petroleros con tres décadas de actividad, que presume haber desarrollado proyectos en los Emiratos Árabes, Arabia Saudita, Nigeria, Corea del Sur, Malasia, Singapur y Venezuela, entre otros países.[3]

En los gobiernos de Vicente Fox, Felipe Calderón y Enrique Peña Nieto, SCAP fue favorecida con adjudicaciones por más de 700 millones de pesos en Pemex, por servicios como el suministro de sistemas de deshidratación y desalado de petróleo, modernización de los sistemas de contraincendio en estaciones de bombeo y mantenimiento en torres de proceso y en plataformas de extracción de crudo.

En 2015, en el primer tramo del gobierno de Peña Nieto, la firma dirigida por Arratia Vingardi participó en un encuentro bilateral de negocios México-Alemania, realizado en la sede del Hypo-Vereinsbank en el casco antiguo de Múnich. Proméxico elaboró un documento con una descripción de la delegación mexicana, integrada por doce empresas del sector gas-petróleo, y en el perfil de SCAP reveló que en su cartera de clientes tenía nada menos que a Odebrecht —emblema de la corrupción empresarial— y a Baker Hughes, uno de cuyos altos directivos fue el dueño de "La Casa Gris".

Además de aquella añeja relación, Arratia ha realizado en años recientes nuevos negocios con C3.Ai, una empresa que ha desarrollado sistemas de inteligencia artificial, la cual desde junio de 2019 tiene participación accionaria de Baker Hughes.

---

[3] Información contenida en el sitio de internet de la empresa.

C3.Ai fue fundada en 2009, inicialmente con el nombre de C3 Energy, enfocada a una solución de software para el sector energético, y al paso de los años amplió su actividad al mercado de plataformas de inteligencia artificial para empresas en general. Aunque es una corporación establecida en el estado de Delaware, sus oficinas ejecutivas principales están ubicadas en Redwood City, California.

En diciembre de 2020, C3.Ai ingresó a la Bolsa de Valores de Nueva York con una oferta pública de 15.5 millones de acciones, que le dio ingresos aproximados por 610 millones de dólares.

Pero un año y medio antes de cotizar en la bolsa, en junio de 2019, Baker Hughes había adquirido el equivalente al 15% de las acciones de Clase A de C3.Ai, con un valor de 460 millones de dólares, y formalizó una sociedad de negocios para comercializar los desarrollos tecnológicos de C3.Ai con sus clientes en la industria petrolera en el mundo, con un compromiso de ventas de 170 millones de dólares al tercer año de haberse establecido la alianza.

Como parte de esa empresa conjunta, el director ejecutivo de Baker Hughes, Lorenzo Simonelli, se unió desde 2019 a la junta directiva de C3.Ai. Ambas compañías informaron de su alianza en un comunicado conjunto a inversionistas, fechado el 24 de junio de 2019 en Houston y en Reedwood City, que dice textual:

> Baker Hughes, una empresa de GE (NYSE:BHGE) y C3.ai anunciaron un acuerdo de empresa conjunta que reúne la experiencia completa en petróleo y gas de BHGE con el exclusivo paquete de software de C3.ai para ofrecer tecnologías de transformación digital que impulsa nuevos niveles de productividad para la industria del petróleo y el gas [...] Las empresas comercializarán e implementarán de inmediato la tecnología de inteligencia artificial de C3.ai, incluidas las aplicaciones, en negocios de petróleo y gas. Los socios también aprovecharán la cartera digi-

tal existente de BHGE para colaborar en nuevas aplicaciones integradas de IA específicas para petróleo y gas.

Según los términos del acuerdo, Baker Hughes tomó una posición accionaria equivalente a cerca de una sexta parte de C3.Ai, y se comprometió a implementar la plataforma de inteligencia artificial de su socio, además de promover su uso con los clientes de sus productos y servicios petroleros en todo el mundo. Uno de esos clientes, mencionado en el comunicado, es la petrolera Shell:

Shell también tiene una relación de larga data con Baker Hughes en servicios de yacimientos petrolíferos y desarrollo de software. Existe un potencial real en la exploración de la fusión de la tecnología de yacimientos petrolíferos existente y la tecnología digital emergente, en este caso combinando las capacidades de C3.ai con la experiencia en el dominio de BHGE para crear nuevas soluciones que realmente aborden los desafíos específicos del petróleo y el gas con una poderosa tecnología de análisis avanzada.

El aliado estratégico en México de C3.Ai es SCAP, S.A. de C.V., lo cual ha quedado plasmado en documentos reportados a la Comisión de Bolsa y Valores de Estados Unidos (la SEC).

Arratia Vingardi formalizó la alianza de su empresa con C3.Ai en febrero de 2020, cuando se reunió con Pat House, fundadora y vicepresidenta ejecutiva de la compañía de inteligencia artificial. La cita se realizó en el marco de un encuentro empresarial en el que participó Condoleezza Rice, exsecretaria de Estado durante el gobierno de George Bush hijo.

Días antes de ese encuentro, a inicios de febrero de 2020, SCAP tuvo presencia en la reunión anual de Baker Hughes que se realizó en

Florencia, Italia, a la que acudieron mil 750 clientes y colaboradores de todo el mundo.

La propia empresa de Arratia dejó constancia de su asistencia en una fotografía difundida en su cuenta corporativa de Twitter, con el mensaje: "SCAP en AM2020 en Florencia, asistiendo a la alianza de Baker Hughes y nuestro socio tecnológico de inteligencia artificial C3.Ai".

## Los vínculos en la obra de Dos Bocas

El socio de Carolyn Adams también tiene intereses en la refinería Olmeca, mejor conocida como Dos Bocas, que construye en Tabasco el gobierno de López Obrador. A través de su empresa SCAP, Arratia ha colaborado con la multinacional Schlumberger —con la que tiene una alianza estratégica de negocios—en el suministro de un sistema de desalado en la refinería.

La colaboración ha quedado de manifiesto en fotografías compartidas por participantes en ese proyecto. Un gerente de construcción del sistema de desalado para Cameron (una subsidiaria de Schlumberger), colocó en la portada de su perfil de LinkedIn una imagen en la que se observan maniobras con los equipos, y en primer plano aparece un vehículo de carga con el logotipo de SCAP. La propia empresa de Arratia, en su cuenta corporativa de Twitter, difundió el 2 de mayo de 2022 otra fotografía en la que se observa una manta con los logotipos de SCAP, Cameron, Pemex y la Secretaría de Energía, con la leyenda "Personal del proyecto del sistema de desalado, refinería Olmeca". La imagen corresponde a una campaña de servicio a la comunidad en la que SCAP y Schlumberger entregaron juguetes con motivo del día del niño en la zona donde se construye Dos Bocas.

La construcción y suministro del sistema para remover las sales del petróleo crudo fue encomendado a Cameron como parte del paquete 1 para la planta de destilación combinada de la refinería, cuya construcción está a cargo de ICA Fluor. El contrato de las desaladoras fue suscrito con Cameron el 28 de noviembre de 2019 por PTI Infraestructura de Desarrollo, la filial de Pemex encargada del manejo financiero de la nueva refinería, por un monto de 439 millones de pesos y un plazo de 620 días.[4] En noviembre de 2020 inició el traslado de los equipos de Weifang, China —donde fueron fabricados—, para ser embarcados rumbo al puerto de Dos Bocas,[5] a donde llegaron en enero de 2021; cada una de las cuatro desaladoras mide 38 metros de largo y pesa 250 toneladas.

Desde que inició la obra de Dos Bocas ha imperado la opacidad. Los contratos no son públicos y las empresas que han recibido asignaciones han recurrido con frecuencia a la subcontratación. Por poner un ejemplo, de 15 contratos formalizados por PTI en 2019 —año en que se dio la adjudicación a Cameron—, en seis casos las empresas subcontrataron servicios con 47 personas morales y físicas para cumplir sus compromisos en las obras de la refinería.[6] Y de esos subcontratos —entre los que estaría el de SCAP— tampoco se tiene acceso abierto. Son un secreto.

Hay un segundo vínculo del socio de Adams con Dos Bocas. En 2019 SCAP formalizó una alianza con Copiisa Offshore y Bombas Internacionales Mexicanas —BIMSA—, que participan en la fabricación de equipos para la refinería de Dos Bocas. "La prioridad

---

[4] Contrato de adquisición PTI-ID-PROC-1-2019.

[5] Un video en el que la SENER reportó el traslado del equipo fue presentado el 23 de noviembre de 2020 al presidente López Obrador en su conferencia mañanera en Palacio Nacional.

[6] Auditoría 2019-6-90T9N-19-0421-2020 de la ASF.

de la compañía, por ahora, es volver a ser de los principales proveedores de Petróleos Mexicanos; participar en el proyecto de Dos Bocas y en la rehabilitación de las refinerías existentes", dijo en agosto de 2019 el director de BIMSA, Marcial Meneses, a la publicación especializada *Global Energy*. Y fue en esa entrevista cuando confirmó la alianza con SCAP: "BIMSA, Copiisa Offshore y SCAP estamos desarrollando tecnología propia porque vemos las necesidades que tiene nuestro país".[7]

Meses después, en enero de 2020, Meneses ratificó su alianza estratégica con SCAP. "Para atender las necesidades del sector [petrolero], BIMSA y Copiisa Offshore, en alianza estratégica con SCAP, se han dedicado a generar tecnología propia, particularmente en materia de equipo de bombeo, suministradas por BIMSA; soluciones integrales, configuradas por Copiisa Offshore y herramientas de automatización y control, proporcionadas por SCAP", dijo en una entrevista.[8]

Copiisa tiene vigente un contrato con la multinacional Samsung para fabricar 24 sistemas para la dosificación de químicos, para el paquete 2 de la refinería de Dos Bocas. "La función de esos paquetes es la dosificación de los diferentes productos químicos para los diferentes procesos de la refinería, evitando así la corrosión de ductos y equipos", explicó el coordinador de proyectos de Copiisa a la publicación *Energy & Commerce*.[9]

---

[7] "Tecnología mexicana podría apuntalar meta de producción petrolera", entrevista de Claudia García publicada en la edición de agosto de 2019 de la publicación *Global Energy*.

[8] "BIMSA, Copiisa Offshore y SCAP impulsan el contenido nacional en la industria petrolera de México", entrevista de Claudia García publicada en la edición de enero de 2020 de la publicación *Global Energy*.

[9] "Copiisa Offshore y BIMSA, alianza a favor de la soberanía energética en México", nota de Paola Sánchez publicada el 13 de diciembre de 2021 en *Energy & Commerce*.

La alianza quedó plasmada en uno de los muros de la sede de SCAP, en el que fueron colocados los logotipos de los aliados Copiisa Offshore y BIMSA.

## La estrategia para eludir licitaciones en Pemex

El socio de la nuera del presidente de México ha participado en el actual sexenio en trabajos realizados en instalaciones de Pemex. Así lo evidenció la propia compañía, que el 29 de abril de 2021 hizo pública información en la que reportó: "Nuestro equipo de Medición y Control de SCAP México se encargó del suministro a 42 sistemas de drenado automático para el mantenimiento a tanques de almacenamiento en la refinería Miguel Hidalgo en Tula, Hidalgo".[10] En una fotografía de la misma empresa se aprecia en primer plano un trabajador con el uniforme de SCAP, y al fondo una grúa con el logotipo de ICA Fluor que descarga materiales y equipos.

Meses antes, el 20 de enero de 2021, la compañía reportó: "Nuestro equipo de SCAP se encuentra iniciando las pruebas integrales de los sistemas SDMC (sistema digital de monitoreo y control) & Gas y Fuego para la plataforma Abkatún-A".[11] Dicha plataforma de Pemex está ubicada en la Sonda de Campeche, y forma parte del complejo Abkatún-Pol-Chuc, en donde en abril de 2015 hubo un incendio que dejó siete muertos.

En las bases de datos oficiales de Pemex no aparece ningún contrato asignado a SCAP en el actual gobierno, por lo que es probable

---

[10]  Información difundida en la cuenta corporativa en Twitter @scap_mx.
[11]  *Ibidem.*

que la empresa sea subcontratista de otros proveedores, o que permanezcan ocultos los documentos de la adjudicación.

Hay otra posibilidad: que SCAP haya eludido los procedimientos de licitación de Pemex, mediante una alianza con un socio en el extranjero, como lo hizo en el pasado, según confió el dueño de la compañía en una entrevista realizada para el libro *The Oil & Gas Year Mexico 2015*, publicado por la compañía TOGY International Limited.

"¿Cómo caracterizaría el proceso de obtención de contratos con Pemex?", le preguntó el entrevistador a Arratia Vingardi. Y su respuesta fue reveladora:

> El procedimiento para celebrar contratos con Pemex es extremadamente complicado y puede tomar mucho tiempo para ser aprobado. Participar en licitaciones públicas para obtener un contrato también es un proceso lento que, en el pasado, resultó complicado. No es raro que las ofertas se pospongan o que los términos de la oferta se modifiquen debido a la falta de fondos. Hemos podido eludir este proceso y lograr una asignación directa en los Estados Unidos a través de nuestros socios nacionales allí, así como de la subsidiaria estadounidense de Pemex, Pemex Procurement International. Cuando se llega a un acuerdo entre dos entidades estadounidenses en suelo estadounidense, el proceso de contratación es simple.

Pemex Procurement International, el área de comercio exterior a través de la cual habría obtenido contratos, tiene desde 2019 como presidenta a Carmelina Esquer Camacho, la hija de Alejandro Esquer, el secretario particular del presidente López Obrador.

SCAP ha tenido como socias estratégicas a tres empresas estadounidenses que tienen su base de operaciones en Houston:

Agar Corporation, Schulemberger y Sansia.[12] La primera es un fabricante de equipos para yacimientos; la segunda es la mayor compañía en servicios petroleros, y la tercera es un proveedor de tecnología para la industria energética, filial de la multinacional Rockwell Automation.

Schulemberger ha sido un gran contratista de Pemex, y en años recientes ha enfrentado problemas para cobrar sus servicios. A inicios de 2022 la compañía reportó que "su principal cliente en México estaba retrasado en los pagos de unos 500 millones de dólares".[13]

## La sombra de la Estafa Maestra

El socio de Carolyn Adams tiene su filial de SCAP en Texas, la cual se estableció en julio de 2016 en Shenandoah,[14] una localidad ubicada en un punto intermedio entre Woodlands y Conroe. Aunque la presencia de Arratia Vingardi en la zona de Houston data de 2007, cuando creó las compañías IL&JO Tech Suppliers y Piaré LLC,[15] esta segunda con domicilio en un centro financiero anexo a The Galleria, el mayor centro comercial de Texas y uno de los cuatro más grandes de Estados Unidos. La primera empresa fue liquidada en 2019 y la otra en marzo de 2014, mientras que SCAP LLC permanece vigente.

---

12 En el sitio de internet de SCAP aparecen los nombres y logotipos de las tres empresas en el listado de socios.

13 "Schlumberger Reports $500 mln in Payment Delays from Mexico", reporte de Reuters del 26 de enero de 2022.

14 Compañía registrada en la Secretaría de Estado de Texas el 3 de julio de 2016 con el número 0802492205.

15 Compañía registrada en la Secretaría de Estado de Texas el 14 de marzo de 2007 con el número 0800787672.

Además de ofrecer servicios a la industria petrolera, la familia Arratia ha diversificado su actividad al sector de la tecnología a través de las compañías Link Solutions,[16] Brio Software[17] y Consultores asociados J-4 S.A. de C.V.[18] Esas tres empresas participaron durante el sexenio de Peña Nieto en la triangulación de fondos federales a través de subcontratos con la Universidad Tecnológica de Tulancingo (UTT) y la Universidad Politécnica de Chiapas (UPCH), en un esquema similar al de la llamada Estafa Maestra.

En el primer caso, el dinero transitó así: el 24 de noviembre de 2014 el Instituto de Seguridad y Servicios Sociales de los Trabajadores del Estado (ISSSTE) suscribió un contrato con la UTT, con vigencia a noviembre de 2017, para mantenimiento tecnológico y desarrollo de software; el ISSSTE desembolsó por ese servicio 93.5 millones de pesos, pero la universidad hidalguense no realizó el trabajo, sino que subcontrató a terceros. A GS Suministros y Servicios TI, por ejemplo, le pagó 39 millones, y esa empresa a su vez recurrió a Link Solutions, una empresa de Arratia Vingardi.

En el contrato se estipulaba un primer pago de 15.6 millones de pesos a la entrega de una licencia de derecho de uso ilimitado a perpetuidad de un software. Sin embargo, GS Suministros era en realidad un distribuidor de Link Solutions, que era dueña de la patente.

De acuerdo con información de la Comisión Nacional Bancaria y de Valores, la empresa subcontratada dispersó el dinero que le había pagado la Universidad de Tulancingo a 16 personas físicas

---

[16] Empresa constituida el 11 de diciembre de 2000 ante el notario Alfredo Bazua White e inscrita en el Registro Público de Comercio de la Ciudad de México el 21 de febrero de 2001.

[17] Fue dada de alta ante autoridades fiscales el 10 de junio de 2002.

[18] Constituida el 11 de diciembre de 2000 en la Ciudad de México e inscrita en el Registro Público de Comercio del Estado de México el 18 de septiembre de 2001.

y morales, en 27 transferencias. Entre los receptores de ese dinero había dos empresas ligadas a Arratia: Consultores Asociados J-4 y Brio Software.

Cuando la Auditoría Superior de la Federación (ASF) tomó conocimiento de las irregularidades, entró a realizar una revisión forense, en la que identificó vínculos entre las siguientes empresas: Consultores Asociados J-4 tiene como accionista a Link Solutions y a Servicios Industriales de Automatización y Control, de la cual el domicilio de su representante legal coincide con el de los accionistas de Brio Software México, S. A. de C. V.

GS Suministros y Servicios TI —representante de Link— reportó su domicilio fiscal en un departamento en Tlatelolco, pero los auditores no localizaron la empresa, además de que se detectó que no había presentado su declaración fiscal pese a haber recibido 39 millones de pesos de la Universidad de Tulancingo, por lo que el Servicio de Administración Tributaria (SAT) intervino para investigarla.

La auditoría forense encontró elementos para presumir un saqueo de fondos federales, "por carecer de elementos de convicción que acrediten de manera fehaciente los servicios prestados y pagados en el contrato".[19]

Algo parecido ocurrió en la Universidad Politécnica de Chiapas, la cual suscribió con el ISSSTE un contrato para el desarrollo de aplicaciones tecnológicas, pero los servicios los subcontrató con Brio Software y Link Solutions, y ambas empresas a su vez subcontrataron a Tara Soluciones y Brio Talent para que ofrecieran el servicio. La universidad gastó gran parte de los fondos federales en el desarrollo

---

[19] Todos los anteriores datos del contrato están contenidos en la auditoría forense 2016-4-99293-12-0001-DN-2018 de la ASF.

de aplicaciones tecnológicas que no tenían relación con el contrato, y que nunca fueron utilizadas por el ISSSTE.[20]

## Las casas en Woodlands

Eduardo Joel Arratia Vingardi, el socio de Carolyn, es dueño de al menos dos residencias ubicadas en Woodlands, la zona residencial ubicada al norte de Houston. Una de ellas, valuada en 1.2 millones de dólares, ha sido el domicilio legal de la sociedad IL&JO Tech Suppliers, Inc.,[21] que el empresario creó en 2007 con su hermana Ileana. Su compañía, a la vez, era propietaria de una mansión valuada en 3.5 millones de dólares.

Cuando IL&JO Tech Suppliers fue liquidada en agosto de 2019, la mansión pasó a manos de Arratia, quien ya para entonces estaba por cumplir dos años como socio de Carolyn. En esos días, por cierto, ella estaba por mudarse a "La Casa Gris" con el hijo de AMLO.

Según el periodista Raymundo Riva Palacio, Arratia le prestó a Carolyn dos inmuebles en Houston, cuando ella ya tenía una relación con José Ramón López Beltrán:

> Arratia, recordaron los amigos de la señora, le prestó un departamento en Bosque de las Lomas, en la Ciudad de México, y posteriormente le prestó una casa en Woodlands, una de las zonas residenciales más caras en el norte de Houston. Más adelante, cuando ya tenía una relación con el primogénito del presidente, le prestó otra casa en la zona de Wheatstone, ubicada en el sur de esa ciudad. Todavía en 2019, cuando se casó

---

20 Auditoría forense 16-4-99034-12-0195 de la ASF.
21 Compañía 0800787674, registrada el 14 de marzo de 2007 en Texas.

con José Ramón, tenía una casa en Houston prestada por Arratia. En ese año se mudaron a la casa gris.[22]

Cualesquiera de los inmuebles de Arratia que Carolyn hubiera ocupado en Woodlands eran residencias grandes y ostentosas como la llamada "Casa Gris". Una está construida en un terreno de mil 200 metros cuadrados, con una piscina en la parte trasera y con vista a un pequeño lago; la otra es una mansión de estilo mediterráneo de mil metros cuadrados, con enorme alberca, cine, sala de juegos y spa privado, en el corazón del elitista club de golf Carlton Woods, diseñado por Jack Nicklaus.

La propia Carolyn dejó constancia de su presencia en ambas residencias. En su cuenta de Instagram compartió a mediados de octubre de 2015 una fotografía en la que posa en la amplia piscina ubicada en la mansión propiedad de Arratia Vingardi, con la leyenda "Querido Dios, gracias por esta maravillosa vida", y en la misma fecha otra imagen en la que aparece alimentando unos patos que nadan en el lago anexo a la segunda residencia.

Luego, en mayo de 2016, dio cuenta de su presencia en esta última propiedad, en una imagen tomada desde una terraza, con vista a la alberca de la casa y al lago, con el mensaje: "¡Estoy de vuelta!".

José Ramón y su pareja han reconocido que ocuparon "La Casa Gris" de Houston entre agosto de 2019 y julio de 2020. Luego, en la segunda mitad de 2021 se mudaron a una residencia de dos pisos, recién construida, en Cypress, también al norte de Houston, valuada en un millón de dólares.

¿Dónde residió la pareja entre agosto de 2020 (cuando ya habían desocupado "La Casa Gris") y junio de 2021 (cuando se

---

[22] "La historia de Carolyn Adams", *op. cit.*

LA SEÑORA DEL DINERO

formalizó la adquisición de su nueva vivienda)? La pregunta es pertinente ante la versión periodística de que el socio de Carolyn —y antiguo proveedor de Pemex— le prestó a Carolyn dos residencias en Houston cuando ya tenía una relación con el hijo del presidente de México. Eso representaría un nuevo conflicto de interés, porque —como ya se ha expuesto— la empresa de Arratia tendría intereses en Dos Bocas y en la refinería de Tula.

En el transcurso de la investigación periodística original se localizó otra residencia a nombre de una Carolyn Adams en Crosby, Texas, pero fue descartada al confirmarse que se trataba de un homónimo.

La tercera casa que los López-Adams ocuparon en Houston es un enigma, pero la propia pareja de José Ramón ha dado claves en sus redes sociales, al mostrar las imágenes de una residencia de dos pisos que ocuparon en el mencionado periodo. ¿Fue acaso una de las casas de Arratia?

## Carolyn comparte notario con AMLO

La mañana del 25 de julio de 2019 el presidente López Obrador se presentó en su habitual conferencia en Palacio Nacional acompañado de un notario público para formalizar su compromiso de que en 2024 no buscaría la reelección.

"Soy maderista y creo en el sufragio efectivo no reelección y por eso voy a durar el tiempo que el pueblo decida y no me voy a aferrar a la presidencia", dijo enfático, para luego pedirle al notario que atestiguara el compromiso que desde cuatro meses antes —el 19 de marzo de 2019— había suscrito, que en uno de sus puntos menciona:

Considero que basta con seis años para desterrar la corrupción y la impunidad y convertir a México en una república próspera, democrática, justa y fraterna. No tengo duda que nos alcanzará el tiempo para consumar, entre todos y de manera pacífica, la Cuarta Transformación de la vida pública del país. En consecuencia, reafirmo que no estoy de acuerdo con la reelección, que nunca, en ninguna circunstancia, intentaría perpetuarme en el cargo que actualmente ostento porque ello significaría ir en contra de la Constitución, sino también traicionar mis principios y renegar de mi honestidad, que es lo más valioso que tengo en la vida.

El documento concluía con la promesa de que en 2024 abandonará la presidencia para irse a vivir en su rancho La Chingada, en Palenque, Chiapas. El notario declaró por escrito, en una hoja anexa, que conocía personalmente a López Obrador, y que daba fe que las firmas estampadas en el documento habían sido puestas de su puño y letra por el presidente.

El notario que atestiguó el compromiso de AMLO es Rafael Arturo Coello Santos, titular de la notaría pública número 30, con sede en la Ciudad de México, y es el mismo que dio fe pública de la constitución de la sociedad mercantil CA Twelve, en la que Carolyn Adams es accionista mayoritaria. Nuera y suegro, pues, comparten el mismo fedatario. ¿Casualidad? ¿O se trata del notario familiar?

## LA ANFITRIONA DE "LA MAFIA"

Corrupto, cacique, saqueador, mafioso. Ésos son sólo algunos de los calificativos con los que López Obrador solía referirse a Pedro Joaquín Coldwell, el secretario de Energía de Enrique Peña Nieto. Lo identificaba como uno de los impulsores de la reforma energética, "el gran negocio de la mafia del poder".

En un discurso pronunciado en Tlaxcala el 18 de febrero de 2017, López Obrador —quien entonces era el líder nacional de Movimiento Regeneración Nacional (Morena)— afirmó que Peña Nieto había negociado con grandes empresas extranjeras para elevar el precio de la gasolina y multiplicar así sus ganancias "a costa del sufrimiento del pueblo".[23] Por eso prometió, desde entonces, que cuando llegara a la presidencia bajaría el precio del combustible a 10 pesos el litro. A Coldwell lo veía como cómplice de esos "acuerdos oscuros" con las petroleras multinacionales para aplicar los "gasolinazos".

Diez días después del encendido discurso de AMLO en Tlaxcala contra la reforma energética, Coldwell se reunió en la Ciudad de México con empresarios petroleros. El 28 de febrero de aquel año atestiguó la firma del contrato de licencia para exploración y producción en aguas profundas entre Petróleos Mexicanos (Pemex), la compañía estadounidense Chevron y la japonesa INPEX. Ese mismo día acudió a una comida con miembros de la Asociación Mexicana de la Industria del Petróleo (Amipe). Lo que son las cosas: Coldwell —a quien AMLO llamaba miembro de la mafia del poder— fue recibido y acompañado hasta su mesa por Carolyn Adams, quien años después sería la nuera de López Obrador. Ella misma presumió su papel de anfitriona en un video que compartió en sus redes sociales, con el siguiente mensaje en inglés: "Aquí entrando con el secretario de Energía de México", seguido de los *hashtags* "Poder de mujer" y "El cielo no es el límite".

---

23 Discurso del "Acuerdo Político de Unidad por la Prosperidad del Pueblo y el Renacimiento de México", del 18 de febrero de 2017.

Coldwell entró al salón, donde se ofreció la comida, escoltado del presidente de la Amipe, el polémico empresario Erik Legorreta, acusado de ser gestor de contratos en Pemex y quien en esos momentos enfrentaba una acusación de fraude por una obra multimillonaria que quedó inconclusa en Tabasco. Detrás de él iba Carolyn, elegante e impecable con un vestido rojo y llevando consigo, colgado de su hombro, un bolso blanco Yves Saint Laurent. Legorreta y Coldwell ocuparon la mesa principal, junto con el subsecretario de Energía, Aldo Ricardo Flores Quiroga. Detrás de ellos se sentó Carolyn. Las conversaciones y discursos se centraron aquella tarde en defender y celebrar la reforma energética y, con ello, las oportunidades de negocios que el gobierno les abría a las petroleras privadas, algo que AMLO juzgaba como el descarado saqueo a la riqueza del país.

No es casualidad que Carolyn haya sido coanfitriona en esa reunión de la Amipe, pues desde 2015 había venido tejiendo contactos de negocios con integrantes del sector energético y petrolero de México. Legorreta era un empresario con el que había trabado una relación profesional estrecha, a tal grado que fue quien la habría presentado con José Ramón López Beltrán.[24]

Aquella vez, por cierto, no fue la primera ocasión que Carolyn coincidió con Coldwell en una actividad de negocios.

## RELACIONES DE NEGOCIOS

En 2015 Carolyn Adams se había incorporado al consorcio Stella Holdings, que preside el empresario regiomontano Carlos Álvarez de

---

[24] "La historia de Carolyn Adams", artículo de Raymundo Riva Palacio publicado el 22 de febrero de 2022 en *El Financiero*.

Alba, a quien habría conocido en 2013 en un congreso petrolero en Dubái,[25] cuando ella estaba por cumplir 30 años de edad (nació el 12 de diciembre de 1983). Ella misma ha contado que estudió en la Universidad Estatal de San Diego, y que se mudó a los Emiratos Árabes Unidos al obtener la beca Bill Clinton (The William Jefferson Clinton Scholarship) para continuar sus estudios en la American University in Dubai y hacer sus prácticas profesionales. En aquella región del Medio Oriente empezó a trabajar en el sector energético y unos años después con la familia real de los Emiratos.[26] En su estancia en Dubái fue ejecutiva de desarrollo de negocios de Rubenius,[27] una empresa de energías renovables que en el sexenio de Felipe Calderón anunció una inversión de 4 mil millones de dólares para construir lo que fue llamado "el banco de energía eléctrica más grande del mundo", en Mexicali, Baja California, el cual generaría 800 empleos.[28] El proyecto, que era promovido por Claus Rubenius, presidente de la compañía árabe, nunca se concretó.

Cuando en 2015 Carolyn dejó Dubái y se mudó a México, entró a trabajar a Cava Energy, la división de energía de Stella Holdings, que un año antes se había establecido en San Pedro Garza García, Nuevo León, y que entre sus objetivos tenía la producción, refinación y transporte de hidrocarburos,[29] para aprovechar las opor-

---

[25] *Idem.*

[26] Comunicado de Carolyn Adams compartido por su pareja, José Ramón López Beltrán, en su cuenta de Twitter, el 14 de febrero de 2022.

[27] Información compartida por Carolyn Adams en su perfil de LinkedIn.

[28] El anuncio de la inversión fue realizado mediante un comunicado de la Secretaría de Economía del 8 de diciembre de 2010, en el marco del foro Green Solution@COP16, que fue parte de la Cumbre de la ONU para el Cambio Climático.

[29] Acta constitutiva del 10 de junio de 2014 suscrita ante el notario José Luis Farías Montemayor, e inscrita en el Registro Mercantil de Monterrey bajo el folio 146322.

tunidades de negocios que se abrían con la reforma energética. Juan Carlos Ganem Diez, director de la compañía, fue quien la invitó a colaborar.[30]

El lunes 7 de diciembre de 2015 Cava Energy auspició un encuentro empresarial con Pedro Joaquín Coldwell y el entonces director de la Comisión Federal de Electricidad, Enrique Ochoa Reza, al cual Carolyn asistió en representación de la compañía regiomontana. Aquel día se estableció el Consejo Mexicano de la Energía (Comener), cuyo primer presidente fue Juan Carlos Acra López, titular de la Comisión de Energía de la Confederación Patronal de la República Mexicana (Coparmex) y fundador de la compañía de servicios energéticos Secner, que desde 2011 tiene uno de sus brazos operativos en Houston.[31] La naciente organización había sumado a 14 asociaciones y buscaba convertirse en interlocutor en asuntos de energía con autoridades federales y con presencia en el Consejo Coordinador Empresarial. Formaban parte del Comener la Asociación Mexicana de Empresas de Hidrocarburos (Amexhi), que en ese momento era presidida por Enrique Hidalgo, ejecutivo de ExxonMobil, y quien a los pocos meses fue sustituido por Alberto de la Fuente, presidente de Shell en México; la Asociación Mexicana de Gas Natural, que encabezaba Ángel Lárraga Palacios, directivo de la compañía española Fenosa (hoy Naturgy), y la Onexpo, que agrupa a gasolineros de todo el país. Con ejecutivos de ese nivel era con los que Carolyn tenía frecuentes tratos como representante de Cava Energy.

---

[30] "En ese lapso realizó una decena de viajes a México, donde conoció a Juan Carlos Ganem, directivo de Cava Energy, quien la invitó a colaborar", nota sin firma publicada el 14 de enero de 2020 en *Emeequis*.

[31] North America Secner Holdings LLC fue constituida el 22 de diciembre de 2011 en Houston, según consta en el registro 081524421 de la Secretaría de Estado de Texas.

## ADICTA AL ÉXITO Y A UNA "VIDA DEL *JET SET*"

Carolyn celebraba codearse con los principales líderes del sector petrolero. "¡Insistir, persistir, resistir y existir!", escribió el 3 de marzo de 2016 en su cuenta de Instagram para mostrar una fotografía que se había tomado en la comida que la revista *Petróleo y Energía* ofreció a los más importantes ejecutivos de la industria. "¡Invitada como parte de los 100 líderes en el sector de petróleo y gas! ¡Nunca renunciemos a nuestros sueños! La gente envidiosa siempre intentará derribarte y hablará a tus espaldas… ¡Simplemente la ignoras y te aferras, prueba que estás haciendo las cosas bien!", anotó al pie de la imagen tomada en el vestíbulo del salón principal del hotel St. Regis, ubicado en Paseo de la Reforma.

Es en esa etapa de su vida cuando Carolyn se confesó afecta a lo que ella misma llamó "la vida del *jet set*", un término que la Real Academia de la Lengua define como la "clase social internacional, rica y ostentosa". El 3 de mayo de 2016, cuando posó al volante de un auto Bentley de lujo, valuado en unos 300 mil dólares, escribió: "Todo el mundo tiene una adicción. La mía es el éxito". Y a continuación anotó los *hashtags* #jetsetlife y #mylife. Luego, en julio del mismo año, presumió los viajes que realizó a la Costa Azul de Francia, región donde se ubican algunas de las ciudades emblemáticas del *jet set* internacional, como Saint Tropez, Montecarlo, Cannes y Marsella. De la Riviera Francesa voló a Dubái —su antiguo país de residencia—, donde se hospedó en el Burj Al Arab, el emblemático hotel de siete estrellas; siguió a Turquía, y de ahí a la isla Mykonos, en Grecia, otro destino del turismo de élite. En una fotografía que se tomó a bordo de un jet privado escribió: "Bye bye, Estambul… Hola, Mykonos", seguido nuevamente del *hashtag* #jetsetlife.

Stella Holdings, el grupo empresarial para el que ha trabajado Carolyn Adams, tiene en marcha un proyecto turístico en la isla de Holbox, al norte de Quintana Roo, que Carlos Álvarez de Alba aspira a convertir "en el destino turístico más prémium de América Latina".[32] A través de la división inmobiliaria Stella Real Estate[33] promete convertir sus playas en un lugar paradisiaco, en armonía con la naturaleza. Para lograr su objetivo, el empresario regiomontano mantiene la disputa legal por la propiedad de 25 predios.

Los poseedores originales de esas tierras eran ejidatarios. Holbox fue declarada ejido por Lázaro Cárdenas el 12 de enero de 1938,[34] aunque la resolución presidencial fue ejecutada hasta junio de 1942. La isla fue dividida en ese momento en parcelas que beneficiaron a campesinos y pescadores, con sus respectivas familias. Con la reforma al artículo 27 de la Constitución en 1992, promovida por el entonces presidente Carlos Salinas de Gortari, se abrió la posibilidad de que particulares adquirieran esas parcelas ejidales. Fue así como empresarios pasaron a ser propietarios de grandes extensiones en ese paraíso del Caribe. Uno de los adquirientes fue Álvarez de Alba a través de sus compañías.

Carolyn Adams visitó Holbox en diciembre de 2015, al poco tiempo de haberse incorporado a Cava Energy —filial de Stella Holdings— y cuando ya estaba en curso el proyecto turístico.

Los planes del empresario hubieran avanzado sin mayores problemas si no es porque en el transcurso de 2016 el gobierno de Peña

---

[32] Información tomada de la división inmobiliaria de Stella Holdings.

[33] Empresa constituida el 26 de marzo de 2012 e inscrita en el Registro Público de Comercio de Monterrey con el folio mercantil 132335.

[34] Resolución presidencial publicada el 17 de mayo de 1939 en el *Diario Oficial de la Federación*.

Nieto puso trabas en su camino. En mayo de aquel año el secretario del Medio Ambiente, Rafael Pacchiano Alamán, suscribió un acuerdo para destinar al servicio de la Comisión Nacional de Áreas Naturales Protegidas (Conanp) una superficie de 53 hectáreas en Holbox, para protección ambiental.[35]

Ese acuerdo afectó a distintos particulares, quienes de inmediato promovieron acciones legales de defensa. Atiendas, S. A. de C. V.,[36] y Desarrollos Inmobiliarios Xunaan,[37] dos de los múltiples membretes del empresario regiomontano Carlos Álvarez de Alba, promovieron amparos en contra de la acción de la Conanp, por considerar que se violaba su derecho de propiedad sobre 25 predios en Holbox.[38]

Ambos amparos fueron llevados a revisión en 2019 ante la Suprema Corte de Justicia de la Nación, en donde se resolvió a favor de las empresas regias.[39] El ponente de la primera resolución fue Eduardo Medina Mora, el ministro que en octubre de ese mismo año fue obligado a renunciar, por una investigación por lavado de dinero, que al final la Fiscalía General de la República (FGR) desechó por infundada.[40]

En el transcurso de los juicios se pudo saber que algunos de los predios que pretendía recuperar Álvarez de Alba se los había vendido el empresario yucateco Ermilo Roger Castilla Ponce, quien en

---

[35] El acuerdo fue publicado el 2 de mayo de 2016 en el *Diario Oficial de la Federación*.

[36] Empresa constituida el 21 de abril de 2009 en Monterrey, con Carlos Álvarez de Alba como accionista y administrador único, según folio mercantil electrónico 114842.

[37] Empresa constituida el 2 de octubre de 2015 en Monterrey, con Carlos Álvarez de Alba como accionista y presidente del consejo de administración, según folio mercantil electrónico 155779.

[38] Amparos indirectos 619/2017-IV y 729/2016-IV.

[39] El amparo en revisión 410/2019 fue resuelto en la segunda sala de la Corte el 21 de agosto de 2019 y el 709/2019 el 9 de diciembre del mismo año.

[40] El Senado aprobó su renuncia el 8 de octubre de 2019, y en febrero de 2022 distintos medios informaron que la FGR había determinado el no ejercicio de la acción penal porque el exministro acreditó el origen lícito de su dinero.

febrero de 2019 fue encarcelado, acusado por su propia familia de haber falsificado documentos para vender parcelas de la isla.[41]

Tras las resoluciones de la Corte, los predios fueron restituidos. El 10 de enero de 2020 el entonces secretario del Medio Ambiente, Víctor Manuel Toledo Manzur, firmó un acuerdo mediante el cual se aceptó que la Conanp regresara las nueve parcelas que reclamaba la empresa Atiendas.[42] Siete meses después, el 14 de agosto de 2020, el mismo funcionario federal suscribió otro acuerdo para restituir 16 predios a la sociedad promotora de inversión Desarrollos Inmobiliarios Xunaan, también propiedad del exjefe de Carolyn Adams.[43]

La noticia de que el gobierno de López Obrador le había cedido predios en Holbox a Álvarez de Alba desató una serie de especulaciones sobre posible tráfico de influencias que involucraban a la nuera del presidente. Hubo medios que incluso aseguraron que en una de las compañías del empresario regio tenían participación accionaria los papás de Carolyn Adams, lo cual es falso.[44]

Lo que alimentó las suspicacias es que el litigio por la posesión de las tierras en Holbox inició en 2016, cuando Carolyn colaboraba en una compañía de Álvarez de Alba, y que la disputa se destrabó justo en el primer tramo del gobierno de su suegro. Esto generó sospechas de posible tráfico de influencias que favorecía a la nuera, y la polémica llegó a la Cámara de Diputados, en donde en septiembre de 2020 se propuso un punto de acuerdo para exhortar a la Secretaría de Medio Ambiente

[41] "Empresario yucateco preso por presunto fraude", nota de Jessica Ruiz Rubio publicada el 7 de febrero de 2019 en el *Diario de Yucatán*.

[42] Acuerdo publicado el 22 de enero de 2020 en el *Diario Oficial de la Federación*.

[43] Acuerdo publicado el 1º de septiembre de 2020 en el *Diario Oficial de la Federación*.

[44] El 18 de septiembre de 2020 el sitio Eje Central publicó una nota sin firma en la que se afirmaba: "Desarrollos Inmobiliarios Xunaan y Cava Energy son empresas manejadas por Stella Holding; la primera sería beneficiada por la cesión de terrenos, la segunda, es propiedad de los padres de Carolyn Adams".

y Recursos Naturales (Semarnat) a informar los motivos que la llevaron a ceder una porción de la zona federal marítimo-terrestre de Holbox.[45]

En medio del escándalo por señalamientos de presunto favoritismo, la nueva secretaria del Medio Ambiente de López Obrador, María Luisa Albores, ordenó el 9 de diciembre de 2020 realizar un levantamiento topográfico en las parcelas que reclamaba Desarrollos Inmobiliarios Xunaan, y con la delimitación realizada, la funcionaria concluyó que era viable destinar para su protección 33 mil metros cuadrados, lo que implicaba regresar predios a la Conanp. La decisión la formalizó en un acuerdo gubernamental que mandó publicar en el *Diario Oficial de la Federación* en junio de 2021.[46] Stella Holdings mantiene firme su proyecto turístico en Holbox y, por lo pronto, cuenta con los predios restituidos a la empresa Atiendas. La disputa por las otras parcelas no ha concluido.

## STELLA HOLDINGS Y SUS TENTÁCULOS

Los tentáculos empresariales de Stella Holdings se extienden a distintos sectores. En el ramo financiero y de tecnología desarrolló Datalogic, una herramienta que facilita las transacciones electrónicas, y Velpay, un dispositivo utilizado en todo tipo de negocios para el cobro con tarjetas bancarias, mientras que en el sector alimenticio estableció desde 2008 la sociedad financiera Capital Agrícola.[47]

---

[45] Proposición de punto de acuerdo presentado por la diputada Silvia Guadalupe Garza Galván, del grupo parlamentario del PAN, el 22 de septiembre de 2020.

[46] Acuerdo publicado el 1° de junio de 2021, por el que se destina a la Comisión Nacional de Áreas Naturales Protegidas la superficie de 33 mil 128 metros cuadrados en la isla Holbox.

[47] Sociedad financiera de objeto limitado establecida el 2 de septiembre de 2008 en Monterrey, según folio 111310.

Carlos Álvarez de Alba, principal accionista de Stella Holdings, también ha tenido participación en inmobiliarias,[48] empresas de apuestas,[49] una compañía farmacéutica[50] y hasta en ranchos cinegéticos.[51] Una de sus primeras incursiones en los negocios fue en el 2000. Acababa de cumplir 26 años cuando se asoció con Juan Carlos Ganem Diez, un amigo de su edad, para establecer en Monterrey la Comercializadora Gal México, que se dedicaba a importar teléfonos celulares y radiolocalizadores, los llamados bípers, ya en desuso.[52]

Los dos socios en esa comercializadora emprenderían luego Cava Energy, uno como accionista principal y el otro como el director. Ambos habían conocido a Carolyn Adams en su fase de cabildera del sector energético, y en 2015 la invitaron a la naciente compañía.

En agosto de 2021 se desató una polémica en torno a esta compañía, cuando el columnista Mario Maldonado reveló que, de acuerdo con empresarios del sector energético en Houston, Mex Gas había entrado en negociaciones con Cava Energy para asegurar el suministro para el Gas Bienestar. "Se trata de la empresa cuyo cabildeo y cierre de contratos están bajo la responsabilidad de la empresaria Carolyn Adams, esposa del hijo de AMLO, José Ramón López Beltrán", anotó Maldonado.[53] Y aunque el periodista aclaró que el contrato con

---

[48] Inmobiliaria Gonalv, creada el 29 de abril de 2005.

[49] Bingo Tradicional, S. A. de C. V., y Juegos y Entretenimientos del Norte, S. A. de C. V., establecidas el 2 de septiembre de 2004.

[50] Impulsora Internacional de la Industria Farmacéutica, creada el 8 de agosto de 2006.

[51] Rancho Cinegético Martel, al que Álvarez de Alba se incorporó como socio el 29 de marzo de 2010, y Promoción y Producción Agrícola, creada el 5 de noviembre de 2008.

[52] Empresa constituida el 15 de agosto de 2000 ante el notario Homero Antonio Cantú Ochoa, según consta en el folio mercantil 72981 del Registro Público de Comercio de Monterrey.

[53] "Los empresarios detrás de Gas Bienestar", artículo de Mario Maldonado publicado el 6 de agosto de 2021 en *El Universal*.

Cava Energy era apenas una alternativa, nada formalizado, empezaron a circular en redes sociales versiones distorsionadas. Una publicación en Twitter aseguraba: "Cava Energy, empresa donde los papás de la nuera de AMLO, Carolyn Adams, son accionistas, suministrará la materia prima de Gas Bienestar". Sin embargo, en las actas consultadas para esta investigación consta que esa versión es falsa; ni Carolyn ni su familia tienen participación accionaria. En realidad, ella ha trabajado para Cava Energy, tal como lo informó Maldonado.

Cava Energy también ha tenido participación en la sociedad promotora de inversiones Cawen Energy, que nació en 2019, casi de manera simultánea con el gobierno de López Obrador, y que tiene como principal objetivo la construcción y operación de plantas de generación de energía eléctrica y procesadoras de gas natural y de derivados del petróleo, además de comercializar todo tipo de hidrocarburos.[54]

Cava Energy tenía inicialmente 80% de las acciones de esta empresa, mientras que el tenedor del 20% restante era Jean-François Rault, un inversionista francés que fue cofundador y director por 10 años de Solensa, S. A. de C. V., una importadora y procesadora de gas natural licuado ubicada en Nuevo León, así como dueño de Grupo Almae[55] y de Cleanmetfuel,[56] ambas también del sector energético que se fusionaron en 2014.[57] Para crear Solensa, François Rault se había asociado con Corporación Finestra, del empresario regiomontano

---

[54] Empresa establecida el 9 de agosto de 2019 en Monterrey, según folio mercantil electrónico 2019070077.

[55] Empresa establecida el 7 de mayo de 2007 en Monterrey con número de folio 103396.

[56] Empresa constituida el 7 de agosto de 2007 en Monterrey con número de folio 104854.

[57] Aviso de fusión publicado el 12 de febrero de 2014 en el *Periódico Oficial* de Nuevo León.

Fernando Canales Clariond,[58] quien fue secretario de Economía y de Energía en el sexenio de Vicente Fox.

Más recientemente, en marzo de 2018, el inversionista francés creó Ewen Energy México, S. A. de C. V.,[59] con el mismo objeto social de Cawen Energy, del corporativo Stella Holdings. Lo singular es que la tenedora de 99.9% de las acciones es una empresa establecida en marzo de 2017 en Praga, capital de la República Checa,[60] un país que otorga atractivos beneficios fiscales a los inversionistas.

El socio francés se separó de Cawen Energy en mayo de 2020 y en enero del año siguiente Cava Energy cedió sus acciones a una persona física. No obstante, el control accionario de la compañía está en manos de Alejandro Valdés, una persona de plena confianza de Carlos Álvarez de Alba, pues es el director de Stella Real Estate, la empresa que impulsa el desarrollo turístico prémium en la isla de Holbox.

## EL EXJEFE DE CAROLYN Y EL TREN MAYA

Stella Holdings tiene una división de transporte que opera bajo la denominación Remed, S. A. de C. V.,[61] y que el 14 de enero de 2022 firmó un convenio con el gobierno de Guatemala para obtener la concesión por 26 años de la red ferroviaria en el Pacífico guatemalteco, de puerto Quetzal a Ciudad Tecún Umán, en la frontera con México.

---

[58] Solensa fue constituida el 7 de marzo de 2008 en Monterrey, con folio 108348. Canales Clariond era el presidente del Consejo y François Rault el director.

[59] Empresa establecida el 21 de marzo de 2018 en Monterrey, con folio 2018037774.

[60] Expediente C 273509 de la empresa Ewen Energy SRO, inscrito en el registro mercantil de Praga el 24 de marzo de 2017.

[61] Remed, S. A. de C. V., fue constituida el 15 de agosto de 2016 ante el notario José Alejandro Treviño Cano, de Monterrey, e inscrita en el Registro Público de Comercio de esa ciudad con el folio mercantil electrónico 162795.

El día de la firma del convenio el gobierno guatemalteco, que preside Alejandro Giammattei, informó que la empresa mexicana se comprometió a la inversión de 700 millones de dólares para rehabilitar 250 kilómetros de vías a cambio de explotar comercialmente la línea férrea para trenes de carga, pasajeros y turismo.

Jordán Rodas, procurador de Derechos Humanos en Guatemala, promovió de inmediato un recurso legal de anulación, con el argumento de que el convenio suscrito con la compañía mexicana es en realidad un contrato de arrendamiento de la infraestructura ferroviaria, asignado sin licitación, con lo que se habría violado la Ley de Contrataciones del Estado.[62]

Un mes después de la firma del convenio se anunció que la Contraloría General de Cuentas de Guatemala inició la fiscalización del contrato por presuntas irregularidades en la negociación.[63]

En el plan maestro de la empresa estatal Ferrovías de Guatemala se contemplan conexiones con México: una en el cruce fronterizo de Ciudad Tecún Umán con Ciudad Hidalgo, al sur de Chiapas, y otra más al norte del mismo estado, que enlazaría con el llamado Tren Maya, uno de los proyectos emblema de López Obrador. Al menos el primero de esos enlaces involucraría al proyecto ferroviario de Stella Holdings.

El plan de conectar a Guatemala con el Tren Maya data de 2019. "La integración entre México y Centroamérica debe darse a través de la interconexión de la infraestructura eléctrica, gasoducto, cabotaje y ferrocarriles", plantea el plan Desarrollo Integral

---

[62] Amparo presentado por Augusto Jordán Rosas Andrade, procurador de Derechos Humanos, ante el juez de primera instancia del ramo civil en Guatemala, constituido en tribunal de amparo, el 14 de enero de 2022.

[63] "Un mes después Contraloría anuncia auditoría del contrato entre Ferrovías y Remed", nota de Manuel García publicada el 14 de febrero de 2022 en *La Hora*.

Triángulo Norte.[64] En agosto de aquel año el diputado federal por Morena, Luis Alegre Salazar, viajó a Guatemala para reunirse con el presidente Giammattei, y se comprometió a iniciar negociaciones con el gobierno de AMLO para concretar un ramal férreo del país centroamericano con el Tren Maya.[65]

En noviembre de 2020 el propio presidente Giammattei aseguró que ya se había suscrito un convenio con México para que a mediano plazo el Tren Maya conecte con Guatemala. Y confirmó un segundo enlace ferroviario entre ambos países, en la frontera con Tecún Umán, que es el punto en el que confluye la línea que tiene concesionada Stella Holdings. "El tren de México va a entrar a Guatemala", aseguró el mandatario.[66]

Posteriormente, en octubre de 2021, el ministro de Economía guatemalteco, Antonio Malouf, reveló que López Obrador le ofreció al presidente de Guatemala "un enlace ferroviario para acceder a la línea de pasajeros y carga".

A inicios de mayo de 2022, el presidente de México López Obrador viajó a Guatemala, donde planteó enlaces ferroviarios con ese país, incluido el tren maya. Antes de iniciar su gira, informó que se modernizaría la vía férrea y que habría trenes nuevos desde el Istmo hasta Ciudad Hidalgo, como parte del corredor interoceánico. En ese proyecto ferroviario binacional están en juego intereses empresariales del conglomerado de Carlos Álvarez de Alba, quien fuera jefe de Carolyn Adams.

---

[64] "Impulsan tren maya hasta Centroamérica", nota de Enrique Hernández publicada el 5 de marzo de 2019 en *El Sol de México*.

[65] "Interesa a Guatemala el Tren Maya", nota de Herlindo Vázquez y Laura Cruz publicada el 20 de agosto de 2019 en *Luces del Siglo*.

[66] "Tren maya entrará a Guatemala, anuncia Giammattei", nota sin firma publicada el 3 de noviembre de 2020 en *Forbes México*.

## El coyote y la fantasma

Erick Walter Legorreta López, uno de los amigos petroleros de Carolyn Adams y quien le habría presentado al hijo mayor de AMLO, ha sido vinculado por distintos empresarios y articulistas con Conjunto de Servicios Industriales, S. A. de C. V. (CSI), una empresa identificada como fantasma,[67] formalmente creada el 29 de julio de 1993 en Tampico, y que pese a carecer de instalaciones físicas e infraestructura, obtuvo a mediados de 2015 una adjudicación de Pemex por 608 millones de pesos para una obra en Tabasco, cuando la petrolera estatal era dirigida por Emilio Lozoya. Como era previsible, CSI incumplió con los plazos establecidos en el contrato y, con ello, provocó millonarias pérdidas al erario público.

En el contrato original se acordó un plazo de 330 días (del 3 de agosto de 2015 al 27 de junio de 2016) para concluir la construcción de infraestructura en Cárdenas, Tabasco, que permitiría procesar unos 13 mil barriles de crudo al día. Mediante distintos convenios modificatorios se dio prórroga de dos años, con lo que el costo de la obra se elevó a 760 millones de pesos.[68] Como CSI no tenía la capacidad ni financiera ni técnica para ejecutar los trabajos, recurrió a la subcontratación de Construcciones Industriales Tapia (Citapia), originaria de Hidalgo, que en ese momento también trabajaba como subcontratista de Odebrecht, pero la obra al final no se terminó.

El nombre de Legorreta salió a relucir cuando en 2017 Citapia denunció penalmente a CSI por presunto fraude al incumplir el acuerdo de subcontratación, y para respaldar su acusación los

---

[67] "La empresa fantasma que consentía Pemex", artículo de Hiroshi Takahashi publicado el 20 de octubre de 2017 en *El Heraldo de México*.

[68] Convenios modificatorios al contrato 640905805, suscritos con Pemex en mayo, agosto y diciembre de 2017.

representantes de la empresa enviaron una carta al entonces presidente Enrique Peña, en la que acusaron a Froylán Gracia Galicia —uno de los hombres de mayor confianza de Lozoya— de haber operado para que la obra en Tabasco se asignara directamente a la empresa fantasma, que carecía de oficinas, dinero, equipos, personal especializado y experiencia. La acusación en la carta era directa: "A través de la asociación que preside [la Amipe], Erick Walter Legorreta López ha generado los vínculos necesarios para favorecer a su empresa csi, la cual evidentemente opera a través de prestanombres, con el respaldo de altos niveles políticos y con el apoyo de algunos asesores de Petróleos Mexicanos".[69]

Una auditoría documentó los pagos irregulares realizados por personal de Pemex y el incumplimiento de csi en la entrega de la obra,[70] además de comprobar el vínculo de Legorreta con la empresa fantasma.[71]

Legorreta había sido acusado desde 2016 de ser una suerte de "coyote petrolero", para lo cual supuestamente utilizaba a csi como intermediaria de obras a favor de agremiados de la Amipe.[72] De hecho, Citapia denunció que Legorreta les había vendido el contrato que originalmente Pemex le había otorgado a csi en Cárdenas, Tabasco, por 608 millones de pesos, acuerdo que al final no cumplió.[73]

---

[69] Documento citado en "Otro desfalco a Pemex en tiempos de Lozoya", reportaje de Neldy San Martín publicado el 23 de junio de 2019 en *Proceso*.

[70] Auditoría de inversiones físicas 17-6-90T9G-04-1612-2018 de la ASF.

[71] Oficio DGAIFF-K-0249/2018 de la ASF, citado en "Ordenan embargar contrato de Pemex", nota informativa de Benito Jiménez publicada el 9 de abril de 2018 en *Reforma*.

[72] "El coyote petrolero", extracto de artículo de Atzayaelh Torres, publicado el 14 de diciembre de 2016 en *El Financiero*.

[73] "Defrauda Pemex a constructora", nota informativa de Iván Solís, publicada el 31 de enero de 2017 en *Novedades de Tabasco*.

La Fiscalía de Tabasco abrió una investigación por la presunta falsificación de documentos oficiales mediante los cuales se habrían intentado cobrar a Pemex más de 60 millones de pesos por la obra inconclusa.[74]

A la par que enfrentaba estas acusaciones de corrupción, Legorreta trabó una relación profesional y de amistad con Carolyn Adams. En febrero de 2017 —como ya se dijo— ella fungió como anfitriona del secretario de Energía, Pedro Joaquín Coldwell, en una reunión convocada por la Amipe, presidida por Legorreta. Y en el transcurso del 2018 el empresario habría sido el que le presentó a José Ramón López Beltrán,[75] con quien muy pronto formalizó su relación.

## LA CACHUCHA DE PEMEX

Cada año, desde 1969, Houston es la sede de la Conferencia de Tecnología de la Industria Petrolera, mejor conocida como la OTC, por sus siglas en inglés. El encuentro empresarial, que reúne a visitantes de al menos 100 países, se realiza en el NRG Park, un enorme complejo en el que se desarrollan conciertos, convenciones y actividades deportivas. En ese parque, por ejemplo, está el Astrodome, que fue el primer estadio techado del mundo y la antigua sede de los Astros de Houston, en las Grandes Ligas.

En 2017 la OTC se realizó en los primeros días de mayo, y a ese encuentro acudió el entonces director de Pemex, José Antonio González Anaya (quien entró al relevo de Lozoya, tras su salida en

---

[74] Comunicado de prensa de la Fiscalía General de Tabasco citado por la agencia Quadratín el 21 de enero de 2018.

[75] "La historia de Carolyn Adams", *op. cit.*

medio de escándalos de corrupción), para promover la reforma energética y abogar por la integración de socios extranjeros a labores de exploración en aguas profundas. "No podríamos hacerlo solos", dijo en su intervención en la conferencia petrolera. Con el titular de Pemex viajó una comitiva de funcionarios, invitados especiales y empresarios.

Como parte de las actividades recreativas para los asistentes a la convención, se realizó el 5 de mayo un partido de beisbol en el Minute Maid Park, la actual sede de los Astros de Houston. Una de las invitadas fue Carolyn Adams, quien literalmente aquel día se puso la cachucha de Pemex. En una foto que se tomó en la tribuna del estadio posó con una gorra con el logotipo de la petrolera mexicana.

Al empresario Víctor Elizalde le hizo gracia que Carolyn llevara la gorra de Pemex y así se lo hizo saber en un mensaje.

"Sí, fue evento de ellos [de Pemex] —le respondió Adams—. ¡Súper padre! Sólo que ni vi el juego."

¿De dónde venía la relación de ella con Pemex? Su jefe en Cava Energy, Carlos Álvarez, y su socio Eduardo Arratia —dueño de la compañía SCAP— habían gestionado negocios con la empresa estatal. De hecho, Carolyn era cabildera y gestora para proyectos de energía, acordes a la reforma energética. Además, los directivos de la Amipe, Erik Legorreta, y del Comener, Juan Acra, que también acudieron a la OTC en Houston y con quienes ella había colaborado, tenían permanente interlocución con la oficina de Lozoya.

Cava intentó concretar en el sexenio de Peña un esquema de coproducción, transporte o almacenamiento de hidrocarburos,[76] y hay versiones de que en las gestiones se recurrió a Arturo Henríquez

---

[76] "Fondos de inversión muestran interés en refinación", nota informativa de Sergio Meana, publicada el 18 de agosto de 2015 en *El Financiero*.

Autrey, personaje cercano a Lozoya que despachaba en Houston en la oficina de compras internacionales de Pemex, pero su repentina renuncia frustró las inversiones.[77]

Víctor Elizalde, el amigo de la señora Adams que hizo alusión a la cachucha de Pemex, también ha gestionado negocios con la petrolera estatal, a través de Frame Corporativo, una firma de la que es socio. Ambos se conocieron en la Amipe y han conservado una relación cordial, de parabienes en los cumpleaños y en días especiales de su familia. Frame ofrece servicios de consultoría y proveeduría para Pemex y la CFE, y ha sido representante de compañías internacionales del sector energético. En 2015 participó indirectamente en las rondas energéticas, aportando financiamiento a dos consorcios que buscaban obtener una zona de explotación petrolera.

A través de su filial Apoyo Frame, S. A. de C. V., otorgó garantía financiera a los licitantes Servicios Administrativos Somer, S. A. de C. V., que se registró en consorcio con Mexport Equipment Inc., una empresa ya disuelta que había sido creada en 2007 en McAllen, Texas,[78] así como a Bin Administrativo, S. A. de C. V., que para participar se había asociado con Max Energy Holdings LLC, establecida en 2004 en Nevada,[79] y con Galca Energy, S. A., una empresa de apariencia fantasmal que fue inscrita en Panamá apenas cinco meses antes de la ronda, cuyos directivos eran una especie de testaferros, pues aparecían a la vez como miembros de cientos de empresas.[80]

El comité licitatorio de la ronda descalificó a todos los anteriores postores, pues en las bases se solicitaban cartas de crédito emitidas por

---

[77] "La historia de Carolyn Adams", *op. cit.*

[78] Compañía número 0800875914, inscrita en la Secretaría de Estado de Texas.

[79] Compañía número LLC5173-2004 inscrita en la Secretaría de Estado de Nevada.

[80] Compañía número 155608325 inscrita en el Registro Mercantil de Panamá.

una institución de crédito, y no por una Sociedad Financiera de Objeto Limitado (Sofom), que es la figura legal de Apoyo Frame.[81]

## CELEBRANDO EL TRIUNFO DE SHELL

La tarde del miércoles 31 de enero de 2018 fue de celebración para Carolyn Adams. Aquel día, en las instalaciones del Centro Citibanamex, la Comisión Nacional de Hidrocarburos anunció que la petrolera multinacional Shell había ganado nueve contratos para la exploración y extracción de hidrocarburos en el Golfo de México.[82]

"Shell killed it today! —celebró Carolyn—. "¡Felicidades!"

En su cuenta de Instagram compartió un video que ella tomó del momento en que se anunció el triunfo de Shell en una licitación convocada como parte de la reforma energética impulsada por el gobierno de Peña Nieto, la cual López Obrador ha calificado como "un saqueo a la nación".

Con el video, Carolyn anotó el *hashtag* #Work, para enfatizar que su presencia en la licitación era por motivos de trabajo. En el momento en que Shell se agenció el primero de nueve contratos, se escuchan los gritos de celebración.

De las nueve áreas de exploración que Shell ganó, en una participa en consorcio con Pemex; en cuatro obtuvo el contrato en solitario y en cuatro más estableció una sociedad con Qatar Petroleum International Limited, una compañía de Qatar, Estado árabe vecino de Dubái, donde vivió y trabajó Carolyn. Para la

---

[81] Acta de presentación y apertura de propuestas del comité licitatorio de la Comisión Nacional de Hidrocarburos, del 15 de diciembre de 2015.
[82] Resultado de la licitación CNH-R02-L04/2017.

formalización del contrato de Shell con la empresa catarí, se creó la sociedad QPI México, S. A. de C. V., la cual fue constituida en marzo de 2018.[83]

El aparente vínculo de Carolyn con Shell cobra particular relevancia porque es la empresa a la que el actual gobierno federal, que encabeza su suegro, le compró la refinería Deer Park, en Houston, Texas, para lo cual Pemex pagó alrededor de mil 600 millones de dólares, según reveló la agencia Bloomberg.

## CABALGATA CON EL PAPI

El polo es quizá el deporte de equipo más elitista y costoso, pues requiere finos caballos que se cotizan en ocasiones más caros que un auto de lujo y que demandan extremos cuidados de personal especializado (los mozos de cuadra) por tratarse de animales de raza pura sangre o persas, de alta competición. No es gratuito que sea conocido como "el deporte de los reyes". En México hay apenas una veintena de clubes donde se practica el polo, uno de ellos en Ameyalco y otro en el Rancho Azul de Tecámac, ambos en el Estado de México. Son lugares de la élite más adinerada. Y a los dos acudía a cabalgar Carolyn Adams, cuando residió en la Ciudad de México.

A mediados de febrero de 2017 Carolyn montó en el club Ameyalco un fino caballo que utilizaba en las competencias Diego Alonso Aguilar López, un empresario de quinta generación en la industria naviera, cuyo bisabuelo inició en esa actividad en Tampico a finales del siglo XIX.

---

[83] Folio mercantil electrónico N-2018026399 inscrito el 3 de abril de 2018 en el Registro Público de Comercio de la Ciudad de México.

Cuando vio a Carolyn montada, Diego Aguilar expresó: "¡El Papi!"; ése era el nombre de su fino caballo. El detalle evidencia la cercanía y confianza de ambos, porque un jugador de polo no permite a cualquier persona montar a su delicado corcel.

Diego era en esos días presidente del Club Ameyalco (ahora Santa Jacinta), al cual no entra cualquiera. Los que no son socios sólo pueden acceder por invitación, como ocurrió con Carolyn. Además de ser destacado jugador de polo —deporte en el que ha sido premiado—, Aguilar ha sido un impulsor de esa actividad. Antes, entre octubre de 2015 y diciembre de 2016, había sido también presidente del Club de Tecámac.

Su afición por el elitista deporte lo compartía con Carolyn. En junio de 2018 el entonces presidente de la Federación Mexicana de Polo, Guillermo Steta, organizó en el Club de Industriales una exposición del pintor toledano Alberto Romero, a la que acudieron 80 selectos invitados. Entre los asistentes estaban destacadas figuras del polo, como Olga Carlota Escandón, bisnieta de Pablo Escandón, quien junto con sus hermanos introdujo ese deporte a México en la época porfirista; su esposo Luis Pablo Martínez del Río y Corona, también polista, y Rogelio Igartúa, quien como director de la Asociación Mazo y Pelota había organizado el Abierto Mexicano de Polo en el Campo Marte. Diego Aguilar, como destacado jugador, estuvo entre los convidados, y acudió en compañía de Carolyn Adams.

Pero más allá de su pasatiempo, Diego Aguilar ha sobresalido como empresario en el sector petrolero, mismo ramo en el que se desempeñaba Carolyn. En mayo de 2017 él fundó la compañía Petroships, en Dallas, Texas, en la cual permaneció hasta julio de 2019, cuando se mudó a México para establecer la naviera ENAV Offshore, la cual nació originalmente con el nombre de RS EES Holdings. El cambio de razón social ocurrió el 19 de septiembre de 2019, y desde aquel día tiene como sus principales directivos al propio Aguilar, a Michael Wallace, estadounidense con más de cuatro décadas en la industria del gas-petróleo, y a Juan Carlos Ganem, quien ha sido apoderado legal y alto ejecutivo de Cava Energy, compañía para la que trabajó Carolyn Adams.

En realidad, son dos las compañías con el nombre ENAV Offshore; la segunda fue constituida en noviembre de 2019 con el añadido de "Operaciones México", pero tiene los mismos directivos que la primera.

Ambas compañías tienen un socio en común: la enigmática compañía México Ships Holdco LLC, que fue creada el 28 de mayo de 2019 en un despacho del estado de Delaware, el llamado paraíso fiscal de Estados Unidos, en donde la identidad de los dueños o accionistas es el secreto mejor guardado.

Al poco tiempo de su creación, ENAV Offshore recibió su primera embarcación. Esto ocurrió el 4 de diciembre de 2019 en los astilleros Fujian Mawei, en Fuzhou, China. A aquella región asiática viajó Diego Aguilar, acompañado de sus socios en la naviera, para recibir el buque, al que bautizaron como Peregrina, y que, a los dos meses, en febrero de 2020, firmó su primer contrato a largo plazo con la compañía petrolera Shell. La nave cargó equipo de amarre y anclaje en Puerto Fourchon, Luisiana, y de ahí fue transportado a Trinidad y Tobago para proporcionar soporte a una plataforma de perforación, en donde permanece.

La naviera mexicana había suscrito un acuerdo con los astilleros chinos para el armado de tres buques, y el segundo fue entregado en mayo de 2020, al que Aguilar y sus socios llamaron Saguaro, el cual cuenta con alojamiento de hasta 52 camas. Debido a que por la pandemia estaba prohibido viajar a China, la ceremonia de entrega se hizo virtualmente, en un enlace simultáneo Fuzhou-Houston-Monterrey-Ciudad de México, desde las oficinas de los ejecutivos involucrados en la operación.

Originalmente la nave Saguaro navegó con identidad de las Islas Marshall, pero en octubre de 2020 fue reabanderada con insignia mexicana, en el puerto de Tampico; Diego Aguilar arrió la bandera de Marshall y Juan Carlos Ganem izó la de México.

El reabanderamiento fue para operar como naviera mexicana, y con ese carácter ENAV obtuvo el 28 de julio de 2021 un permiso del gobierno de López Obrador, con vigencia por 10 años, para la recolección y transporte de residuos peligrosos generados en plataformas petroleras y otras instalaciones de hidrocarburos.[84] ¿Y dónde atracarán los buques del amigo de Carolyn Adams? Nada menos que frente al puerto Dos Bocas, en Tabasco, por lo que —de ser necesario— estarán disponibles para dar servicio en la nueva refinería.

### Cena "a la luz de las velas" con Trump

La noche anterior a su toma de protesta como presidente de Estados Unidos, Donald Trump ofreció una cena "a la luz de las velas" en el acceso principal de Union Station, la mayor estación de tren en Washington, para agradecer el apoyo de sus donantes. La selecta concurrencia la integraban políticos conservadores del Partido Republicano, personajes de la derecha estadounidense y, sobre todo, multimillonarios que habían aportado fondos para la campaña. El código de vestimenta exigido aquella noche del 19 de enero de

---

[84] Documento de autorización para manejo de residuos peligrosos para actividades del sector hidrocarburos ASEA/UGI/DGGEERC/1078/2021, emitido el 28 de julio de 2021 por la Agencia Nacional de Seguridad Industria y de Protección al Medio Ambiente.

2017 fue de rigurosa etiqueta: los hombres con esmoquin y las mujeres de vestido largo.

Mientras en el elegante vestíbulo estilo *beaux arts* brindaban con champaña, en las calles de Washington se multiplicaban las protestas contra el ascenso de Trump por parte de grupos ambientalistas, defensores de derechos humanos y, de manera destacada, organizaciones de inmigrantes que temían una persecución del mandatario racista y xenófobo. En el ambiente todavía hacían eco las palabras de Trump, cuando en campaña se refirió a los mexicanos que emigraban a Estados Unidos como violadores, estafadores y criminales.[85] Así que era entendible que en aquella cena de gala no hubiera invitados latinos. Sin embargo, hubo una excepción: entre los asistentes estaba una ciudadana de origen brasileño, que en aquel momento se desempeñaba como cabildera de empresas mexicanas: Carolyn Adams.

Pasaban de las nueve de la noche cuando el vicepresidente electo Mike Pence pidió la atención de todos los invitados para presentar a Trump, quien, entre aplausos, ingresó al vestíbulo de la mano de su esposa Melania. En actitud triunfante tomó el micrófono para agradecer a los cientos de concurrentes el apoyo económico que habían dado a su campaña. Cuando concluyó su discurso se dirigió a ocupar la mesa de honor, caminando entre la muchedumbre de convidados. Decenas de teléfonos móviles se elevaron en sincronía para captar al presidente número 45 de los Estados Unidos, quien a cada paso accedía a las peticiones de fotografía. Carolyn Adams se le acercó y posó sonriente a la cámara, mientras dos agentes del servicio secreto se colocaban a un costado. Trump esbozó una sonrisa y rodeó con su

---

85 En el discurso de lanzamiento de su candidatura el 16 de junio de 2015 dijo: "Cuando México nos manda gente, no nos mandan a los mejores. Nos mandan gente con un montón de problemas, que nos traen drogas, crimen, violadores…"

mano izquierda la cintura de ella. Luego siguió su paso, para saludar y complacer a más invitados. Las vueltas que da la vida: una exbecaria que continuó sus estudios de posgrado gracias a una beca de la Fundación Bill Clinton terminó cautivada por el político conservador que derrotó a la demócrata Hillary Clinton.

Carolyn compartió esa misma noche la fotografía con Trump en su Instagram con el mensaje: "Objetivo cumplido", seguido del hashtag #Trabajo, dando a entender que acudió a la cena como parte de una encomienda laboral, aunque no reveló para cuál compañía.

La cena había sido pagada con el dinero aportado por mil 500 donantes, quienes contribuyeron con 107 millones de dólares para una semana de festejos por la toma de posesión de Trump. Esos donantes tenían sitio de honor en las celebraciones y, de manera especial, en la velada "a la luz de las velas" en Union Station; el acceso equivalía a aportaciones millonarias, entre las que sobresalieron las compañías del sector energético y del petróleo. The Dow Chemical aportó un millón de dólares y Chevron y Exxon 500 mil cada una; Murray Energy puso 300 mil, Nextera 250 mil, mientras que Clean Energy California y Valero Services dieron 100 mil. Entre los donantes había más compañías asentadas en Houston, como Mercuria Energy, Transocean Offshore, Cheniere Energy y Anadarko Petroleum.

El enorme listado de aportantes incluía obviamente a grandes multinacionales como Pepsi, Coca-Cola, Monsanto, Google, Inc., Qualcomm, Wynn Resorts, Comcast, Walmart, Altria; las farmacéuticas Pfizer y Amgen, y las automotrices General Motors y Ford.[86] Con tanto dinero recaudado, los organizadores de la cena se dieron el

---

[86] Reporte de donaciones para el comité inaugural recabado por la Comisión Federal de Elecciones, consultado por el autor.

lujo de gastar 924 mil dólares tan sólo en adornos florales en Union Station.[87]

La cartera de compañías que aportó dinero da una idea del nivel de los invitados a la cena: magnates y ejecutivos de la élite empresarial estadounidense. Sólo un donante tenía vínculo con México: Advance America, subsidiaria de Grupo Salinas, que aportó 250 mil dólares.[88]

En esos días Carolyn Adams colaboraba con la Amipe (al mes siguiente es cuando fue coanfitriona de Coldwell), había venido trabajando para Cava Energy de Nuevo León, mantenía una magnífica relación profesional con el socio de ENAV Offshore y estaba por asociarse con el dueño de SCAP. ¿Acudió a Washington en representación de alguna de esas compañías o como cabildera de una multinacional energética de Houston, como Shell?

---

[87] "At Trump's Inauguration, $10,000 for Makeup and Lots of Room Service", reporte de Maggie Haberman, Sharon LaFraniere y Ben Protess publicado el 14 de enero de 2019 en *The New York Times*.

[88] "Grupo Salinas donó 250,000 dólares a la investidura de Trump", nota de Rosalía Lara publicada el 16 de mayo de 2017 en *Expansión*.

# IV

# La sombra de la corrupción en Baker Hughes

## Baker Hughes, contratista favorita del sexenio de AMLO

La investigación inicial sobre "La Casa Gris" reveló que el hijo mayor del presidente de México, José Ramón López Beltrán, había ocupado una residencia en Conroe, Texas, que era propiedad de un alto directivo de Baker Hughes, compañía de servicios petroleros con la que el gobierno mexicano tenía contratos vigentes por más de 151 millones de dólares.

Pero el monto revelado aquel día se quedó corto. Los contratos son muchos más y por cifras multimillonarias, incluida la participación de la compañía estadounidense en la refinería de Dos Bocas, una de las obras emblema de López Obrador, lo cual evidencia que Baker Hughes se convirtió en una de las compañías favoritas del sexenio.

El dueño de la residencia que ocupó el hijo del presidente era Keith Schilling, quien se había desempeñado como director comercial y de ventas de Baker Hughes de julio de 2017 a noviembre de 2018, periodo en el que la multinacional obtuvo dos contratos en Petróleos Mexicanos (Pemex), uno de los cuales hasta por 66 millones de dólares siguió vigente en el gobierno de López Obrador. Luego, Schilling fue ascendido a una de las presidencias de la compañía, cargo que desempeñó hasta enero de 2020, y coincidió con el periodo en que los contratos a Baker Hughes se multiplicaron.

El 5 de agosto de 2019 —justo el mes en que José Ramón y su pareja habían llegado a un acuerdo para ocupar "La Casa Gris"— funcionarios de Pemex firmaron en Villahermosa, Tabasco, una nueva asignación a Baker Hughes por 85 millones de dólares, con vigencia hasta diciembre de 2022.

Si se suman esos 85 millones de dólares a los 66 millones de un contrato anterior que estaba vigente cuando el hijo de AMLO ocupó la casa, se obtiene la cifra de 151 millones que fue revelada en el reportaje inicial. Pero resulta que hay muchísimo más dinero y más contratos no revelados con detalle hasta ahora.

Baker Hughes recibió otros 329 millones de dólares entre agosto y diciembre de 2019, que coincide con los primeros meses en que José Ramón López Beltrán ocupó "La Casa Gris". La cifra es muy cuantiosa. Equivale a 6 mil 500 millones de pesos, y representa el doble del monto que se había informado en el reportaje inicial. ¿Cómo es que se dio tanto dinero en tan pocos meses a la compañía de servicios petroleros? El truco está en una serie de ampliaciones autorizadas consecutivamente en dos diferentes contratos que venían del sexenio anterior. Los incrementos se dieron sin pasar por la validación del consejo de administración de Pemex. A continuación explicaré cómo se dio el reparto:

*Primer caso:*

El contrato 641007800 fue suscrito por Baker Hughes y Pemex el 21 de marzo de 2017, durante el gobierno de Peña Nieto, por un monto máximo de 356 millones de dólares para la perforación, terminación y reparación de pozos petroleros en alta mar; su vigencia sería hasta el 21 de octubre de 2019, pero días antes de que se cumpliera ese plazo el administrador del proyecto en Pemex, Héctor Osorio Herrera, emitió la justificación para otorgar una ampliación de 219 millones de dólares, que representaba un incremento de 61.5% respecto al contrato original.[1] También otorgó su aval el gerente de contrataciones en la petrolera, Martín Enrique García de la Cruz. Los dos funcionarios que validaron este beneficio a Baker Hughes han sido acusados de corrupción en medios de Tabasco y Campeche, que son afines al gobierno de López Obrador.[2] Esta elevada extensión, que al tipo de cambio de entonces equivalía a más de 4 mil millones de pesos, se dio cuando José Ramón cumplía dos meses de habitar "La Casa Gris" en Houston.

## Segundo caso:

El contrato 640218810 para perforación petrolera en la sonda de Campeche se formalizó el 15 de marzo de 2018, en el último año del gobierno de Peña, por un monto máximo de 66 millones de dólares. El contrato debió concluir el 31 de diciembre de 2019, pero al igual que en el caso anterior, antes de la fecha de vencimiento se autorizaron dos ampliaciones consecutivas por más de 110 millones de dólares. La primera ampliación se firmó el 30 de agosto de 2019 y entró en vigor en septiembre del mismo año,[3] cuando López Beltrán ya ocupaba la casa en Houston, mientras que la segunda se suscribió el

---

[1] Convenio modificatorio autorizado el 1° de octubre de 2019 y formalizado el 21 de febrero de 2020 en Villahermosa, Tabasco.

[2] Sus nombres aparecen en diversas columnas de Lino Zentella publicadas en su sitio y en los diarios *Tabasco Hoy* y *Campeche Hoy*.

[3] Esta primera ampliación fue por 49 millones 533 mil dólares.

31 de diciembre de 2019 en Villahermosa, Tabasco, y tuvo vigencia a partir de enero de 2020,[4] cuando Schilling dejó Baker Hughes. El funcionario que avaló la modificación del contrato fue Ulises Hernández Romano, quien en septiembre de 2019 fue nombrado director de Pemex Procurement International (PPI),[5] el brazo comercial de la petrolera en Houston, cargo que luego asumiría Carmelina Esquer, la hija de Alejandro Esquer, el secretario particular de López Obrador. Hernández Romano es ahora director del Consejo de Administración de Deer Park, la refinería que Pemex le compró a la multinacional Shell en Houston, Texas.

La cascada de dinero continuó al transcurrir el sexenio. En 2020 y en 2021 hubo más ampliaciones en los dos contratos descritos anteriormente, ahora por 276 millones de dólares.[6]

La adjudicación original de ambos contratos a Baker Hughes había sido por 422 millones de dólares, pero con las adendas o extensiones otorgadas en el transcurso del gobierno de López Obrador el monto se elevó a mil 027 millones de dólares, equivalentes a más de 20 mil millones de pesos. ¿Y todavía hay quien duda que hubo favoritismo?

### Contratos bajo la sospecha de corrupción

La última ampliación del contrato 640218810 se firmó en Villahermosa, Tabasco, el 24 de noviembre de 2021, e incluyó una cláusula

---

[4] La segunda ampliación al contrato fue por 60 millones 712 mil dólares.

[5] "Los otros millones de Baker", columna de Peniley Ramírez publicada el 5 de febrero de 2022 en *Reforma*.

[6] En el contrato 641007800 el incremento entre 2020 y 2021 fue de 109 millones de dólares y en el contrato 640218810 el aumento fue por 167 millones de dólares en el mismo periodo.

que condicionaba su realización a que Baker Hughes no incurriera en actos de corrupción y, además, se comprometiera a tomar medidas para reducir el riesgo de ilícitos o de faltas éticas.

Esa cláusula se incluyó porque la Gerencia Jurídica de Cumplimiento Legal y Transparencia de Pemex había detectado antecedentes de corrupción cometidos por ejecutivos de la empresa multinacional, así como investigaciones que estaban en curso en aquel momento en Estados Unidos por parte de la Comisión de Bolsa y Valores de Estados Unidos (la SEC, por sus siglas en inglés).

Eran tan delicadas las señales de alerta detectadas que en el documento suscrito con Baker Hughes se estableció "la viabilidad condicionada de celebrar y/o continuar acuerdos comerciales" con esa empresa. Es decir, no sólo se condicionó la ampliación del contrato 640218810, sino incluso futuras asignaciones.

En el convenio, Baker Hughes asumió el compromiso "de mantener vigente y fortalecer un programa de cumplimiento" en acciones anticorrupción.

"Las partes aceptan y convienen adicionar como parte integrante del presente acuerdo de voluntades y para todos los efectos legales a que haya lugar, el anexo de 'Medidas de mitigación de riesgos de debida diligencia'", se lee en el convenio modificatorio.

La "debida diligencia", que es el concepto incluido en el convenio, es utilizado en la norma internacional ISO 37001 para evaluar el riesgo de corrupción en las organizaciones y aplicar medidas preventivas o correctivas.

¿Qué detectó el área jurídica de Pemex que la obligó a condicionar la ampliación del contrato? En principio, la propia petrolera mexicana plasmó en un documento los antecedentes de una trama de sobornos multinacional, al estilo de Odebrecht, en la que años antes había participado Baker Hughes y que fue sancionada por la SEC.

En los anexos del convenio de ampliación, suscrito en noviembre de 2021, Pemex incluyó como referente el siguiente reporte de la SEC, fechado el 26 de abril de 2007, en el que detalla la sanción impuesta a Baker Hughes por haber pagado sobornos en seis países:

> La SEC acusa a Baker Hughes de soborno en el extranjero y de violar la orden de cese y desistimiento de la Comisión de 2001. La subsidiaria de Baker Hughes se declara culpable de tres cargos de delito mayor en acción criminal presentados por el Departamento de Justicia; las multas penales, sanciones civiles y la devolución de ganancias ilícitas suman más de 44 millones de dólares. Baker Hughes acordó pagar más de 23 millones en intereses de devolución y por perjuicios causados por estas violaciones y pagar una multa civil de 10 millones de dólares por violar una orden de cese y desistimiento de la comisión de 2001, que prohíbe las violaciones de los libros y registros y las disposiciones de controles internos de la FCPA [Ley de Prácticas Corruptas en el Extranjero] [...] Esto se encuentra relacionado con los pagos realizados por Baker Hughes en Nigeria, Angola, Indonesia, Rusia, Uzbekistán y Kazajistán.

En otro apartado de los anexos, el área jurídica de Pemex advierte que tuvo conocimiento en el transcurso de 2021 de que la SEC había emprendido una nueva investigación a Baker Hughes, por posibles irregularidades cometidas en fechas recientes. Ésa era una alerta de alta relevancia, porque se trataba de una indagatoria en curso que podía tener repercusiones con los contratos suscritos en México. Pero de ese aspecto hablaré más adelante. Vayamos por partes.

A continuación contaré sobre la trama de sobornos que ensombrece el pasado de la multinacional de servicios petroleros y que llevó a los abogados de Pemex a prender focos amarillos.

Fotografías tomadas de har.com, de la Houston Association of Realtors, la asociación de agentes de bienes inmobiliarios de Houston.

Vista panorámica de "La Casa Gris". Destaca el tamaño de la alberca, frente a viviendas vecinas.

Fotografías tomadas de har.com, de la Houston Association of Realtors, la asociación de agentes de bienes inmobiliarios de Houston.

Vista externa de "La Casa Gris".

Fotografías tomadas de har.com, de la Houston Association of Realtors, la asociación de agentes de bienes inmobiliarios de Houston.

Sala de juegos.

La casa tiene cine privado.

Fotografías tomadas de har.com, de la Houston Association of Realtors, la asociación de agentes de bienes inmobiliarios de Houston.

El bar de la casa.

Área de la casa destinada para estudio privado o biblioteca.

Junto a la alberca hay un espacio acondicionado para los asados texanos.

"La Casa Gris" fue identificada gracias a un comparativo de las imágenes de agencias inmobiliarias con las fotografías que difundió en sus redes sociales la pareja del hijo mayor del presidente López Obrador, como las siguientes:

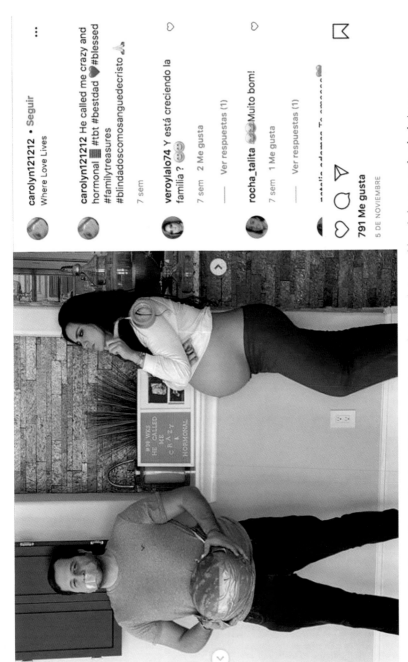

Esta fotografía que Carolyn difundió en Instagram fue tomada junto al bar de la casa, en la sala de juegos.

Esta foto fue tomada a un lado de la piscina.

Eduardo Joel Arratia (izquierda), socio de Carolyn Adams en la empresa CA Twelve, posa con Pat House, vicepresidenta ejecutiva de C3.Ai, empresa en la que Baker Hughes tiene participación accionaria. La empresa de Arratia, SCAP SA de CV, tiene una alianza de negocios con C3.Ai.

Arratia con sus aliados de Copiisa Offshore y BIMSA, empresas que participan como proveedoras en la refinería de Dos Bocas.

**SCAP**
@scap_mx

...

#SCAP_MX at AM2020 In Florence, attending the Alliance of @bakerhughesco and our #technology partner for #AI @C3_AI

#ArtificialIntelligence
#BHAM2020
#EnergyFoward
#WeAreBakerHughes

Traducir Tweet

SCAP, empresa propiedad del socio de Carolyn Adams, compartió en su cuenta corporativa de Twitter su presencia en la reunión anual de Baker Hughes en 2020, realizada en Florencia, en donde se formalizó la alianza con C3.Ai.

SCAP ha colaborado en el proyecto del sistema de desalado de la refinería de Dos Bocas, que fue desarrollado por Cameron, una empresa de la multinacional Schlumberger, según consta en fotografías compartidas por colaboradores de esas compañías.

**carolyn121212**
The Woodlands

•••

**carolyn121212**

•••

En octubre de 2015 y mayo de 2016, Carolyn compartió fotografías de otra residencia en Woodlands del dueño de la empresa de servicios petroleros SCAP, con quien formó una sociedad de negocios.

El 10 de diciembre de 2015, año en el que comenzó
a trabajar para Stella Holdings,
Carolyn se tomó esta foto en la isla de Holbox,
en donde el grupo empresarial tiene en
marcha un proyecto turístico prémium.

carolyn121212   •••

A finales de marzo de 2021, José Ramón viajó a Aspen a
celebrar su cumpleaños número 40; Carolyn difundió
esta fotografía en Instagram.

El presidente de México y su nuera han recurrido a los servicios del mismo notario: Rafael Arturo Coello Santos (en la foto con AMLO), quien dio fe de la constitución de la empresa CA Twelve de Carolyn Adams y también atestiguó el compromiso de no reelección de López Obrador.

Fotografía de una reunión de la AMIPE del 15 de febrero de 2017 en el elitista Club 51, ubicado en el piso 51 de la Torre Mayor.

♡ ◯ ✈ 🔖

**3264 reproducciones**

**carolyn121212** Shell killed it today!
#congrats #shell #oil&gas #ronda2.4 #9
#mexico #work

Carolyn Adams celebró en sus redes sociales que en enero de 2018 se hayan asignado zonas de explotación petrolera a Shell, compañía a la que el gobierno de López Obrador le compró la refinería Deer Park en Houston.

En diciembre de 2015, cuando recién se había incorporado a Cava Energy, Carolyn Adams acudió a una reunión con Pedro Joaquín Coldwell en la que se creó el Consejo Mexicano de Energía.

En junio de 2021 la pareja López-Adams se mudó a una nueva casa en la localidad de Cypress, valuada en más de un millón de dólares, un valor similar al de "La Casa Gris". Fotografía: Verónica Ayala.

La nueva casa del hijo mayor de AMLO y su pareja se ubica en un desarrollo residencial que apenas está en fase de construcción, llamado Parkland Village, al norte de Houston. Fotografía: Verónica Ayala.

**carolyn121212** · Seguir

**carolyn121212** My boys 🖤🖤: #blessed

[Isaiah 54:17] No weapon that is formed against thee shall prosper; and every tongue that shall rise against thee in judgment thou shalt condemn. This is the heritage of the servants of the LORD, and their righteousness is of me, saith the LORD.

24 sem

**marianne_sparkling** Amen 🙏

24 sem  1 Me gusta

**742 Me gusta**

9 DE JULIO

Se limitaron los comentarios en esta publicación.

Esta fotografía fue tomada en la parte trasera de la casa, en la alberca.

Lugar de la casa en la que fue tomada esta fotografía,
la cual se difundió en junio de 2020 en el Instagram
de Carolyn.

Fotografías tomadas de har.com, de la Houston Association of Realtors, la asociación de agentes de bienes inmobiliarios de Houston.

Aspectos del interior de la casa.

Fotografías tomadas de har.com, de la Houston Association of Realtors, la asociación de agentes de bienes inmobiliarios de Houston.

Aspectos del interior de la casa.

Fotografías tomadas de har.com, de la Houston Association of Realtors, la asociación de agentes de bienes inmobiliarios de Houston.

Aspectos de la alberca ubicada en la parte trasera de la casa.

Baño y vestidor de la recámara principal.

Recámara principal, con vista y acceso al jardín.

En mayo de 2017, Carolyn Adams se puso la cachucha de Pemex en un partido de beisbol en el Minute Maid Park de Houston, al que acudió como invitada como parte de las actividades recreativas de la Conferencia de Tecnología de la Industria Petrolera (la OTC).

En sus redes sociales, Carolyn ha confesado que disfruta el estilo de vida del Jet Set, y difunde sus viajes en jets privados, paseos en yates y hospedaje en hoteles ultralujosos. En esta foto, tomada en mayo de 2016, posa en un auto Bentley al que colocó el hashtag #jetsetlife.

**99 Me gusta**

carolyn121212 Everyone has an addiction. Mine is success! #work #houston #texas #oilngas #bentley #jetsetlife #mylife #blessed #workhardplayharder 😎 😊 😌 🎉

**carolyn121212**
The Capitol, Washington D.C.

...

En la víspera de que Trump asumiera la presidencia de Estados Unidos, Carolyn Adams asistió en enero de 2017 a una exclusiva cena "a la luz de las velas" que ofreció el político republicano a quienes apoyaron su campaña.

En este edificio ubicado en Odontología 57, en Copilco, está el departamento familiar de 76 metros cuadrados que era el hogar de José Ramón López Beltrán antes de emigrar a Houston.

Marco Antonio Negrete Galicia, socio y apoderado de
Servicios Logísticos HMC Negrete, identificada por
el SAT como empresa fantasma, presume en sus redes
sociales esta fotografía con López Obrador
que se tomó en febrero de 2017, cuando organizó
mítines para Morena.

Negrete Galicia, socio de la empresa fantasma, y Rodrigo Violante Durán, su exempleado y
actual jefe de departamento en la Presidencia, posaron en la campaña de 2018
con José Ramón López Beltrán, hijo de López Obrador.

José Ramón López Beltrán asegura que desde 2020 trabaja en KEI Partners, que reporta su domicilio en el despacho 2250 de un edificio ubicado en el 4400 de Post Oak Parkway, en Houston, pero tanto en el directorio como en el acceso a esa oficina aparece el nombre de Vaquero Strategy, LLC, empresa que ha sido titular de la marca Sweet Paris, el restaurante que ha vendido el Chocolate Rocío de los hijos del presidente. Fotografías: Verónica Ayala.

**SCAP**
@scap_mx

···

Nuestro equipo de Medición y Control de SCAP México se encargo del suministro a 42 sistemas de #drenado automático para el #mantenimiento a tanques de almacenamiento en la Refinería Miguel Hidalgo en Tula, Hidalgo.

3:02 p. m. · 29 abr. 2021 · Twitter Web App

**SCAP**
@scap_mx

···

Nuestro equipo de @scap_mx se encuentra iniciando las pruebas integrales de los Sistemas SDMC & Gas y Fuego para la prlataforma Abkatun-A. #Gas #Fuego #plataformas #oilandgas

11:18 a. m. · 20 ene. 2021 · Twitter Web App

SCAP, compañía del socio de Carolyn Adams, ha realizado obras en instalaciones de Pemex en el actual sexenio, como consta en estos mensajes difundidos en la cuenta corporativa de Twitter de la propia empresa.

Fotografías tomadas de har.com, de la Houston Association of Realtors, la asociación de agentes de bienes inmobiliarios de Houston.

**carolyn121212**
Carlton Woods- Fazio Course

...

Imágenes de la mansión en Woodlands, propiedad del empresario Eduardo Joel Arratia Vingardi, socio de Carolyn. El 15 de octubre de 2015, ella posó en la alberca de esa misma mansión.

Fotografías tomadas de har.com, de la Houston Association of Realtors, la asociación de agentes de bienes inmobiliarios de Houston.

## COMISIONES DE 2 A 3% POR CONTRATO

Karachaganak es un enorme yacimiento petrolero ubicado en Asia Central que fue descubierto en 1979, cuando aquella región pertenecía a la Unión Soviética. Tras la disolución de la Unión de Repúblicas Socialistas Soviéticas (URSS) en diciembre de 1991, el gobierno de Kazajistán —una de las extintas repúblicas soviéticas— negoció con dos empresas extranjeras los derechos exclusivos de explotación de los recursos petrolíferos. Así, se abría la transición de su economía del comunismo al capitalismo.

En 1997 se unieron otras dos compañías a la explotación del yacimiento y juntas crearon el consorcio Karachaganak Petroleum Operating Company, B. V. (KPO), el cual fue registrado conforme a las leyes de los Países Bajos, aunque estableció sus oficinas principales en Kazajistán.

Los participantes en ese consorcio eran cuatro de las petroleras más poderosas del mundo: la firma británica Shell; ENI, de Italia; Chevron, de Estados Unidos, y Lukoil de Rusia, las cuales firmaron con la petrolera estatal Kazakhoil un acuerdo de producción compartida en el yacimiento asiático por 40 años.

Baker Hughes entró a participar en este proyecto como contratista del consorcio a través de una subsidiaria de nombre BHSI, la cual había sido formalmente creada en el estado de Delaware, aunque cuando obtuvo contratos en Kazajistán instaló una oficina de operaciones en Almaty, una de las mayores ciudades de aquel país de Asia Central, que alguna vez fue su capital.

En diciembre de 1999 el consorcio KPO invitó a Baker Hughes a que presentara una propuesta para dar una amplia variedad de servicios para la perforación y posterior explotación del yacimiento. En febrero del año 2000 BHSI presentó una oferta consolidada para participar en el proyecto.

Aunque no era miembro del consorcio, la petrolera estatal Kazakhoil ejercía influencia en sus decisiones y, de hecho, la adjudicación final de un contrato dependía de la recomendación o aprobación de los funcionarios de Kazajistán.

A inicios de septiembre del año 2000 los gerentes y ejecutivos de Baker Hughes recibieron una notificación no oficial de que su propuesta se perfilaba para ganar la licitación para dar servicios en el campo petrolero de Kazajistán. No obstante, a mediados de ese mes, un funcionario de la petrolera estatal planteó que, para que se le otorgara el contrato, BHSI debería pagar una comisión equivalente a 3% de los ingresos.

Como se trataba de un soborno, el funcionario pidió que la comisión exigida se ocultara mediante transferencias a una cuenta bancaria en el Barclay's Bank en Londres, a favor de una firma consultora constituida y registrada en la Isla de Man, en el mar de Irlanda.

De la petición del soborno quedó registro en el siguiente correo electrónico que el líder del equipo para la licitación en Kazajistán envió a su supervisor de Baker Hughes en Houston el 17 de septiembre del 2000:

> Kazakhoil se acercó a mí a través de un agente en Londres y me dijo que para obtener la aprobación [del contrato] se requiere una comisión del 3%. A esto, como saben, me negué y dije que es completamente indignante esperar que se elija un contratista y comenzar a exigir las cantidades sugeridas.[7]

---

[7] Expediente H-07-1408, Tribunal del Distrito Sur de Texas.

El empleado alertó: "A menos que hagamos algo, no obtendremos el apoyo de Kazakhoil", y se corría el riesgo de que algún otro competidor llegara "con una olla de oro" y se quedara con el contrato.

Así que la empresa hizo una contraoferta al agente de Kazakhoil, en la que propuso pagar 2% de comisión y no el 3%. Pero la respuesta fue ruda: o pagaban el porcentaje solicitado o Baker Hughes se podía despedir de ése y futuros negocios en Kazajistán.

Entonces la multinacional cedió y el 27 de septiembre de 2000 el ejecutivo de Baker Hughes que llevaba las negociaciones recibió un correo de su supervisor en el que le informaba que las divisiones operativas de la compañía habían aprobado el plan para pagar una comisión de 2 a 3% a la consultora establecida en el mar de Irlanda por el contrato del yacimiento de Karachaganak.

Como por arte de magia, a inicios de octubre el contrato fue adjudicado a Baker Hughes.

A partir de mayo de 2001 y hasta noviembre de 2003 se realizaron pagos mensuales de comisiones a la consultora ubicada en la Isla de Man por 4 millones 100 mil dólares, mediante transferencias electrónicas desde la cuenta bancaria de BHSI en Chase Bank en Houston a una cuenta en Barclay's Bank en Londres, Reino Unido.

Aunque esos pagos se amparaban en un contrato por supuesta consultoría y "servicios legales", en realidad encubrían sobornos a cambio de obtener un contrato de servicios en el yacimiento de Kazajistán, que le representaron a Baker Hughes ingresos por 219 millones de dólares y, una vez descontados los gastos, le redituó una ganancia de aproximadamente 19.9 millones.

BHSI regularmente pedía la aprobación de sus decisiones a los supervisores administrativos en Houston, y para fines contables internos, enviaba facturas a las distintas divisiones operativas de

Baker Hughes, solicitándole que remitieran fondos directamente a una cuenta que mantenía en el Chase Bank of Texas. Es decir, la compañía que operaba en lo que alguna vez fue una república soviética conservaba un vínculo directo con su matriz en Estados Unidos. Y los constantes intercambios de información fueron las evidencias de las negociaciones y posterior formalización de esta trama de corrupción.

## UNA RED INTERNACIONAL DE SOBORNOS, COMO ODEBRECHT

En diciembre de 2016 una noticia impactó en el ámbito político y empresarial del mundo: la empresa brasileña Odebrecht confesó ante autoridades de Estados Unidos haber pagado sobornos en 12 países a cambio de contratos de obras. La peculiaridad de este caso es que la compañía había profesionalizado a tal nivel la corrupción que había creado un departamento especial para ocultar los pagos ilícitos a políticos del más alto nivel, desde legisladores, gobernadores y ministros, hasta presidentes en América Latina y África. Para ello, había creado una extensa y compleja red de empresas fantasma en paraísos fiscales. En México, Odebrecht pagó sobornos desde 2006 hasta 2014.[8]

Aquélla, sin embargo, no ha sido la primera ni la única red multinacional de corrupción que operó en México. Entre 2001 y 2006 la petrolera Pride repartió sobornos en seis países, y años después la farmacéutica Fresenius realizó pagos ilícitos a funcionarios en países de

---

8 "Brotan más sobornos de Odebrecht por 9 millones de dólares que involucran a otros 7 funcionarios", investigación de Raúl Olmos para MCCI publicada el 27 de octubre de 2021 en Aristegui Noticias.

Europa, Asia, América Latina y África, lo que le redituó ganancias por 135 millones de dólares.[9]

Baker Hughes, compañía que ha estado en el centro de la discusión por "La Casa Gris", es otra multinacional que también ha estado involucrada en esquemas de corrupción multinacional, en al menos seis países.

Cuando en 2007 la petrolera estadounidense se declaró culpable ante una corte de Estados Unidos de haber incurrido en el pago de sobornos en Kazajistán, trascendió que aquéllos no fueron los únicos actos ilícitos que cometió en el extranjero. La SEC formalizó una acusación en la que presentó evidencias de que también había realizado pagos sospechosos en Nigeria, Angola, Indonesia, Rusia y Uzbekistán. Y antes había incurrido en corrupción en Brasil y la India.

Los pagos se habían efectuado "en circunstancias que reflejaban la falta de implementación de suficientes controles internos para determinar si los pagos eran por servicios legítimos, si los pagos se compartían con funcionarios del gobierno, o si estos pagos se registraban con precisión en los libros y registros de Baker Hughes".

Derivado de aquella acusación de la SEC, una subsidiaria de Baker Hughes se declaró culpable de tres cargos de delito grave (violación a leyes antisoborno, falsificación de libros contables y conspiración), por lo que fue sancionada con más de 44 millones de dólares por multas penales, civiles y la devolución de ganancias ilícitas.

"Las empresas como Baker Hughes serán responsables cuando eludan las reglas del juego limpio y la competencia honesta al realizar pagos indebidos para ganar negocios", determinó Christopher

---

[9] Ambos casos están descritos con detalle en el libro *El saqueo corporativo*, de Raúl Olmos, publicado por Editorial Aguilar en 2020.

R. Conte, director asociado de la División de Cumplimiento de la SEC, en un reporte de la acusación.[10]

La acusación desglosó otros casos de corrupción, hasta entonces desconocidos, que involucraban a ejecutivos de Baker Hughes en seis países. Tales casos son los siguientes:

• En 1998 Baker Hughes contrató a un agente vinculado con la adjudicación de un gran contrato químico con KazTransOil, el operador nacional de transporte de petróleo de Kazajistán. En el transcurso de dos años, la compañía pagó más de un millón de dólares en una cuenta bancaria en Suiza del agente, cuyo representante era un ejecutivo de alto rango de KazTransOil.

• De 1998 a 2004 Baker Hughes autorizó pagos de comisiones por casi 5.3 millones de dólares a un agente que trabajaba en Kazajistán, Rusia y Uzbekistán, en circunstancias turbias, ya que la empresa no pudo determinar ante la SEC si dichos pagos se canalizarían, en parte, a funcionarios del gobierno.

• En Indonesia, Baker Hughes pagó entre 2000 y 2003 a transportistas para que importaran equipos, en circunstancias en las que la compañía no se aseguraba adecuadamente de que dichos pagos no se traspasaran, parcialmente, a los funcionarios de aduanas de aquel país.

• También en Indonesia, la SEC acusó a dos exempleados de Baker Hughes de participar en 1999 en un plan para dar sobornos a cambio de la reducción de impuestos. Uno de los pagos, por 75 mil dólares a un funcionario de aquel país asiático, supuestamente tenía como fin reducir una estimación de contribuciones a una empresa indonesia propiedad de Baker Hughes, de 3.2 millones de dólares que debía li-

---

[10] Expediente H-07-1408, Tribunal del Distrito Sur de Texas.

quidar de impuestos a sólo 270 mil. Para encubrir el soborno, se emitió una factura por concepto de "servicios profesionales".

• En Nigeria, entre al menos 2001 y 2005, Baker Hughes autorizó pagos a agentes de aduanas para facilitar la resolución de supuestas deficiencias aduaneras.

• En Angola, de 1998 a 2003, Baker Hughes pagó a un agente más de 10.3 millones de dólares en comisiones, en circunstancias que abrían la sospecha de que dichos pagos pudieron haber sido traspasados a los empleados de Sonangol, la empresa petrolera estatal de Angola, para obtener o mantener negocios en aquel país africano.

Con esos antecedentes de corrupción, cualquier indicio de conflicto de interés, como el hecho de que el hijo de un mandatario haya ocupado la casa de un alto ejecutivo de la compañía, es motivo suficiente para prender luces de alerta e iniciar una investigación interna.

## LAS ACUSACIONES POR ABUSOS DE LA COMPAÑÍA

En los anexos del convenio suscrito en noviembre de 2021 —del que hice referencia anteriormente— el área jurídica de Pemex también citó, como una señal de alerta por atender, una serie de acusaciones contra Baker Hughes, publicadas por el periodista Lino Zentella, quien se ha especializado en casos de corrupción en el sector energético.

Uno de sus reportes, difundido en cuatro partes en el sitio Todo sobre el Contratismo y en su columna La Plataforma que publica en la prensa del sureste,[11] fue titulado "¡Cochinero en Baker!",

---

[11] Sus columnas se publican en *Tabasco Hoy* y *Campeche Hoy*, dos medios afines al obradorismo.

del cual reproduzco un fragmento incluido en el documento interno de Pemex:

> Muy graves son los resultados de la reforma energética que no sólo no cumplió con lo que se le prometió a los mexicanos en el corto plazo —el litro de gasolina ya rebasó los 20 pesos en algunas plazas y la luz y gas registran aumentos mensuales— sino que se desplazó a la mano de obra mexicana —miles de despedidos en Pemex— y las compañías mexicanas están viviendo la era de la extinción con la llegada de empresas trasnacionales que traen el mínimo de personal y tecnología automatizada, pero que además, no conformes con esto, abusan con los pocos contratos que dan a proveedores locales y se creen los dueños de México al incumplir con los pagos ilegalmente y a todas luces, llevando los procesos a la larga cooptando en muchas ocasiones a las instancias legales que operan dentro de un marco jurídico cada vez más afín a los intereses de las trasnacionales... Éste es el caso de la internacional Baker Hughes de México, S. de R. L. de C. V.

El reporte de Pemex menciona que Baker Hughes ya había sido denunciada por Zentella en febrero de 2017 "por el fraude sistemático a Pemex cambiando conceptos de contratos y desfalcando las arcas de la entonces paraestatal y quedando mal a proveedores". Y como ejemplo de esto último citó el caso de la empresa tabasqueña Vigilancia y Protección Privada del Sureste, la cual se enfrentó al gigante de los servicios petroleros en un largo litigio:

> El lastre Baker hizo que el panorama se tornara gris e inalcanzable, no sólo para la empresa Vigilancia y Protección Privada del Sureste, sino para la mayoría de las pequeñas y medianas empresas tanto tabasqueñas como nacionales que otorguen algún tipo de servicio a Baker, ya que

sin lugar a dudas y en contubernio con la subsidiaria Pemex Exploración y Producción contratan a los pequeños empresarios mexicanos mediante contratos leoninos, con la única finalidad de explotarlos y obtener con ello ganancias estratosféricas, dejando sólo migajas a los empresarios mexicanos.[12]

Según el reporte periodístico, la empresa proveedora mencionada tenía meses esperando que Baker Hughes le pagara por unos contenedores habitacionales que le había rentado para hospedar a los trabajadores que apoyaban en labores de perforación en la sonda de Campeche. Ante el incumplimiento, promovió un juicio mercantil en Tabasco.[13]

"El colmo es que todavía tienen en su poder los contenedores habitacionales rentados y no hay autoridad judicial o civil que le dé claridad a esta situación, porque no se sabe si ya se los robaron o siguen generando cargos como renta", anotó sobre el caso el periodista Zentella. Lo inaudito —añadió— es que Baker tenía depositados ante el juzgado 59 millones de pesos, que era una cantidad mayor al adeudo de 51 millones, y que pretendía "con artilugios legales y sobornos retrasar el proceso de pago".

La renta de los contenedores habitacionales se derivó del contrato 422301808, por un monto de 45 millones de dólares. "¿Usted cree que Baker no tiene para pagar este adeudo?… Así como éste, Baker tiene varios contratos por cantidades similares… Y ésta es sólo una compañía extranjera… ¿Usted se imagina la magnitud del saqueo a México?… Da para pagar varios 'Méxicos' y cientos o miles de proveedores locales",

---

[12] Publicación realizada en el sitio de Lino Zentella el 10 de mayo de 2018 e incluida por Pemex el 24 de noviembre de 2021 en los anexos "Medidas de mitigación de riesgos de debida diligencia", del convenio suscrito con Baker Hughes.

[13] Reporte publicado el 17 de mayo de 2018.

concluyó el reporte periodístico.[14] La intención de la compañía era trasladar el litigio a Houston, Texas, en donde tiene su base de operaciones.[15]

El área jurídica de Pemex también incluyó en el documento de noviembre de 2021 una referencia acerca de que Baker Hughes había sido acusada de corrupción desde cinco años antes. Y anotó como señal de alerta la siguiente referencia periodística:

> Mientras está la rescisión de contratos a trasnacionales en alta en Pemex, a otras se les beneficia con el manto de la tolerancia a la corrupción... Hoy se le rescindieron contratos a Cotemar, Bournon Tamaulipas, Sea Dragon, COSL, Perforadora Latina y Oro Negro, mientras Baker Hughes hace y deshace en Pemex como don Juan por su casa con la ayuda de funcionarios trácalas.[16]

Entre los funcionarios acusados en ese entonces estaban Santiago Hernández Zaidel, supervisor en un yacimiento de la sonda de Campeche, quien era señalado de recibir "diezmos mensuales junto con los de Baker", y Javier Hinojosa Puebla, quien fue director de Pemex-Exploración durante el gobierno de Peña Nieto. Este funcionario es de particular relevancia, porque está implicado en la trama de corrupción conocida como "la Estafa Maestra", al haber sido el firmante de dos convenios por 207 millones de pesos que fueron parte del gigantesco desfalco del peñismo.[17]

---

[14] Reporte publicado el 24 de mayo de 2018.

[15] Reporte del 5 de junio de 2018.

[16] Referencia del área jurídica de Pemex al texto periodístico "Apesta en Baker", publicado el 4 de marzo de 2016.

[17] "Pemex: empresas de funcionarios y costos inflados", capítulo de la investigación "La Estafa Maestra", realizada por Miriam Castillo, Nayeli Roldán y Manuel Ureste, publicado el 5 de septiembre de 2017 por Animal Político y MCCI.

Baker Hughes ha sido acusada, además, de atentar contra derechos de sus trabajadores. En un rastreo realizado el 25 de octubre de 2021 en las bases de datos de su unidad de estadística, el área jurídica de Pemex detectó cuatro juicios laborales vigentes en México en los que la multinacional está relacionada. Los trabajadores afectados demandan el pago de 1.2 millones de pesos. La petrolera mexicana condicionó a la compañía a que "libere en paz" esos juicios, para mantener vigentes sus contratos.

Por tratarse de una actividad muy especializada, es frecuente que en el sector energético los trabajadores pasen de Pemex a compañías privadas a ofrecer sus servicios, o viceversa.

Por lo anterior, en el convenio suscrito con Baker Hughes en noviembre de 2021, el área jurídica y la gerencia de contrataciones incluyeron una norma anticorrupción inédita que establece: en el caso de contar con personal contratado en los últimos cinco años, que haya laborado en Pemex o empresas filiales, Baker Hughes proporcionará escrito en el que se comprometa a mantener los controles internos necesarios para que dicho personal no utilice información o documentación confidencial a la que haya tenido acceso, ni aproveche su influencia u obtenga alguna ventaja derivada de la función que desempeñaba en la petrolera mexicana para beneficio de la compañía multinacional.

## LA SEC INVESTIGA A BAKER HUGHES

Como mencioné anteriormente, en noviembre de 2021 el área jurídica de Pemex alertó sobre una nueva investigación que había iniciado la SEC contra Baker Hughes. En el convenio de ampliación de un contrato que ese mes suscribió la petrolera mexicana con la multinacional, se incluyó un anexo con referencias de la indagatoria que estaba en curso en Estados Unidos.

Una de las referencias citada por Pemex sobre la pesquisa es un cable de la agencia británica Reuters, especializada en finanzas, con el título "Baker Hughes revela investigación de la SEC sobre proyectos afectados por sanciones de EU". La petrolera también reprodujo en el convenio la noticia titulada "Baker Hughes dice que enfrenta una investigación de la SEC relacionada con sanciones", que fue publicada en *The Wall Street Journal*, así como dos reportes de Global Arbitration Review y Compliance Week, medios enfocados en difundir temas legales y anticorrupción.

Tanto la agencia informativa como los medios expertos citados por Pemex basaban sus reportes en el informe anual que Baker Hughes había presentado en febrero de 2021 a sus inversionistas y que decía textualmente:

En diciembre de 2020, la Compañía recibió un aviso de que la SEC está realizando una investigación formal que, según entiende la Compañía, está relacionada con sus libros, registros y controles internos con respecto a las ventas de sus productos y servicios en proyectos afectados por sanciones de EU. La Compañía está cooperando con la SEC y brindando la información solicitada. La Compañía también inició una revisión interna con la asistencia de un asesor legal externo con respecto a los controles internos y el cumplimiento relacionado con los requisitos de sanciones de EU. La investigación de la SEC y la revisión interna de la Compañía están en curso, y la Compañía no puede anticipar el momento, el resultado o el posible impacto de la investigación o revisión, financiera o de otro tipo.

El reporte de la compañía deja más dudas que certezas sobre los detalles exactos de la investigación. Sin embargo, el cable de Reuters, fechado el 26 de febrero de 2021, daba una clave sobre el posible origen de la indagatoria: Baker Hughes había participado en los trabajos de un gasoducto en Rusia, obra que afectaría los intereses de Ucrania, país al que invadió a inicios de 2022.

¿Ése es el motivo real de la investigación de la SEC? ¿O es que las autoridades estadounidenses detectaron nuevos indicios de corrupción de la compañía, como ya había ocurrido en el pasado? De ser así, ¿esto involucra a México? ¿O por qué razón Pemex incluyó en un convenio en noviembre de 2021 una cláusula de "medidas de mitigación de riesgos de debida diligencia" a la filial mexicana de la multinacional, haciendo referencia precisamente a la nueva indagatoria de la SEC?

El informe de Baker Hughes sobre la investigación que tiene en curso la SEC hace mención de la revisión de sus libros, registros y controles internos, información que tiene que ver con su sistema contable. Ya antes la compañía ha estado en problemas por no haber llevado un estricto control de sus cuentas, lo que ha derivado en sospechas de pagos ilegales encubiertos.

Por ejemplo, la SEC identificó que Baker Hughes había autorizado en el pasado pagos, a través de un despacho contable, a un funcionario del gobierno de Indonesia. El gasto fue registrado como un gasto comercial, aunque implicaba un posible soborno.

En otras transacciones, realizadas anteriormente en Brasil y la India, tampoco se llevaron adecuados controles contables para prevenir pagos indebidos a funcionarios.

En la India se autorizó un pago de 15 mil dólares para que la embarcación de una subsidiaria de la compañía ingresara a aguas costeras de aquel país. El desembolso fue registrado en los libros contables como "permiso de embarque", pero los controles eran tan difusos que quedaba abierta la posibilidad de que ese pago haya sido, al menos parcialmente, para gratificar a un funcionario público, lo cual representaba un acto de corrupción.

En Brasil, como parte de la reestructuración de operaciones de Baker Hughes en el país sudamericano, un directivo autorizó 10 mil dólares para agilizar un trámite y ese monto quedó registrado en los libros contables como "pago anticipado para gastos relacionados con la junta de registro comercial de Río de Janeiro", sin determinarse a quién se le entregó el dinero.

Para evitar desviaciones como las citadas la SEC revisa los registros contables y controles internos.

En el convenio condicionado de ampliación del contrato 640218810, firmado en noviembre de 2021 con Pemex, Baker Hughes se comprometió a informar trimestralmente acerca de si la investigación iniciada en su contra por la SEC en Estados Unidos "pudiera causar impacto sobre el acuerdo comercial" que está en curso en México y "la manera en que tiene planeado mitigar el riesgo".[18]

El contenido de la investigación que se sigue en Estados Unidos es un secreto, y las dudas se podrán despejar hasta que la SEC presente su informe respectivo, para lo cual no hay fecha determinada.

Sin embargo, hay un elemento que es necesario destacar: luego de que se publicó el reportaje de "La Casa Gris", la SEC recibió dos peticiones formales para abrir una investigación sobre el posible conflicto de interés que se pudo haber generado cuando el hijo mayor del presidente de México ocupó una casa que era propiedad de uno de los presidentes de Baker Hughes.

---

[18] Página 10 del anexo "Medidas de mitigación de riesgos de debida diligencia", incluido en el convenio modificatorio cuatro del contrato 640218810.

## "LA CASA GRIS" EN LA MIRA

Las autoridades regulatorias de Estados Unidos se enteraron de "La Casa Gris" por una razón muy simple: los principales medios internacionales especializados en finanzas (*The Wall Street Journal*, *The Economist*, *The Financial Times* y Bloomberg) dieron cuenta, en amplios reportes, de la investigación periodística de Mexicanos contra la Corrupción y la Impunidad (MCCI) y Latinus.

La prensa financiera especializada es una fuente de consulta obligada para los analistas de la SEC y, en ocasiones, es el punto de partida para sus pesquisas. Para esa autoridad regulatoria, el deslinde de Baker Hughes no basta. Tampoco es suficiente que la compañía haya pagado la investigación de un despacho externo, como hizo en México. Si la SEC determina que hay indicios de un conflicto de interés o de beneficios indebidos otorgados por un gobierno en el extranjero, puede emprender una indagatoria independiente que, por lo regular, tarda en años en concluirse. Lo que hace la SEC es defender los intereses de los inversionistas, no de las empresas. Al cotizar públicamente en bolsa, cualquier irregularidad en Baker Hughes es de interés de quienes invierten sus recursos en la compañía, por ejemplo mediante la compra de acciones o bonos.

También es frecuente que si ya hay una investigación abierta, y sobre la marcha surgen más acusaciones o indicios de actos ilegales, la SEC amplíe su indagatoria. Ése puede ser el escenario del caso México: la autoridad regulatoria había notificado desde diciembre de 2020 a Baker Hughes que había iniciado una revisión de sus registros contables, y cuando todavía no concluía la pesquisa, surgieron los señalamientos de "La Casa Gris". Lo que podría hacer es ampliar la indagatoria inicial.

Al margen de lo anterior, la SEC ya ha recibido dos peticiones formales para iniciar la investigación del caso que involucra al hijo del presidente de México: una está fechada el 9 de febrero de 2022 y otra fue notificada el día 22 del mismo mes y año.

La primera petición fue suscrita por el abogado Juan Carlos Luna, del despacho texano Lawgistic,[19] a nombre de un grupo de inversionistas (*shareholders*, dice en su escrito).

En una carta dirigida a Lorenzo Simonelli, presidente y director ejecutivo de Baker Hughes, con copia a la SEC y al Departamento de Justicia de Estados Unidos, Luna expuso "la posible existencia de conflictos de interés, conductas impropias y otras irregularidades jurídicas" derivadas del hecho de que el hijo del presidente de México haya ocupado la casa de un alto ejecutivo de la compañía al mismo tiempo que Pemex ampliaba un contrato multimillonario. La misiva advierte:

La percepción y los tiempos de los hechos simplemente no son buenos. Crean, por lo menos, la sensación de un posible conflicto de interés y un escenario que podría haber contribuido al incumplimiento de las obligaciones éticas y jurídicas de Baker Hughes. Por lo anterior, se justifica levantar una queja y se requiere iniciar una investigación. Como se ha informado en distintos reportajes de investigación independientes tanto de Estados Unidos como de México, existen suficientes evidencias de lo sucedido. Los mencionados contratos que Baker Hughes ha firmado con Pemex son un hecho por todos conocido. De igual manera se habrán enterado del proceso de agilización que tuvo lugar —sin mediar para ello licitación pública alguna ni procedimiento estándar dentro de Pemex— y de los laxos trámites de aprobación que dieron lugar a las extensiones.

---

[19] El nombre legal del despacho es Lawgistic, Ltd. Co., el cual fue registrado el 22 de mayo de 2007 ante la Secretaría de Estado de Texas, con oficinas en Houston.

El abogado consideró que "la situación podría quedar comprometida severamente" para Baker Hughes ante "las siguientes piezas del rompecabezas" del caso:

1) El involucramiento del hijo de un presidente mexicano.
2) Un gobierno mexicano que ha sufrido severas críticas —a nivel nacional e internacional— por escándalos de corrupción.
3) Un país con un débil Estado de derecho.
4) La esposa de dicho individuo (se refiere a Carolyn, la pareja de José Ramón), persona políticamente expuesta que ha fungido activamente como negociadora de acuerdos en materia de energéticos a escala internacional.
5) La extensión millonaria de los contratos firmados por Baker Hughes con Pemex.
6) Ambas empresas se encuentran en problemas por las investigaciones sobre sus propios escándalos de corrupción en el pasado.

Esa serie de coincidencias —añade el escrito— ocurrió al tiempo en que se extendían los contratos entre Pemex y la compañía en alcance y costos, y cuando un ejecutivo cedía el uso de una residencia de lujo para que la habitara la pareja López-Adams. "Tales son los hechos y no se pueden ignorar. Ustedes se encuentran bajo la obligación fiduciaria de actuar en consecuencia, de investigar e informar como corresponda."

El escrito menciona que "el impacto negativo experimentado por los inversionistas debido a comportamientos deshonestos en el pasado, el daño a la reputación corporativa y las consecuencias legales y monetarias enfrentadas a causa de un historial de incidentes de corrupción son motivo suficiente para visibilizar adecuadamente la situación y actuar de inmediato".

Debido a las posibles repercusiones, la naturaleza política de los involucrados y la amplia visibilidad que el caso ha adquirido, la carta dirigida al presidente de Baker Hughes y a los principales directivos de la compañía también fue enviada para su conocimiento al Departamento de Justicia y la SEC.

Casi a la par de que fue enviada esta carta, la senadora por el Partido Acción Nacional (PAN) Xóchitl Gálvez presentó una denuncia ante la SEC por "La Casa Gris", la cual fue formalmente admitida por el órgano regulador el 22 de febrero de 2022 con el número 16439-711-457-818, lo que daría pie al inicio de una investigación.

La misma legisladora presentó sendas denuncias ante el Departamento de Justicia de Estados Unidos y la Fiscalía General de la República (FGR); si bien la FGR, a través de la Fiscalía Especializada en Combate a la Corrupción, inició a mediados de febrero una indagatoria sobre "La Casa Gris",[20] lo previsible es que el caso sea archivado, por los indicios que apuntan a la débil autonomía del fiscal y el frecuente uso político de esa instancia de justicia.

## "LA CASA GRIS" ATENTÓ CONTRA EL CÓDIGO DE CONDUCTA DE BAKER HUGHES

Hace 15 años, cuando se confesó culpable de haber pagado sobornos en Kazajistán, Baker Hughes se comprometió a contratar un consultor independiente para revisar las políticas y procedimientos

---

[20] "Tras recibir denuncias, la FGR abre indagatoria por posible corrupción en caso López Beltrán-Baker Hughes", nota de Arturo Ángel publicada el 21 de febrero de 2022 en Animal Político.

anticorrupción, para evitar en el futuro incurrir en actos ilegales para la obtención de contratos.

Desde aquel caso, la empresa estableció estrictas normas éticas y de comportamiento, una de las cuales recomienda a sus ejecutivos: conoce con quién tratas, con quién negocias, para evitar conflictos de interés. Es la regla elemental KYC (Know Your Customer) que cualquier alto directivo —y más tratándose, como en este caso, de uno de los presidentes de Baker Hughes— debe conocer para tener seguridad y garantías de un cliente.

Por eso resulta insólito que un alto directivo de Baker Hughes, multinacional que tenía en marcha multimillonarios contratos en México, haya suscrito el arrendamiento de su vivienda en Houston a la nuera del presidente de México, sin saber quién era, o informarse con quién estaba tratando.

Peor aún, para Baker Hughes tanto la nuera como el hijo del presidente tienen el rango de empleados u oficiales de gobierno. Así lo establece el código de conducta de la multinacional de servicios petroleros, que dice textual en un apartado dedicado a explicar a sus empleados cómo deben comportarse con representantes gubernamentales:

Empleado y funcionario de gobierno es un miembro elegido o designado de un órgano ejecutivo, legislativo o administrativo de un gobierno federal, nacional, estatal/provincial o local de cualquier país. Esto incluye a un empleado de cualquier agencia/departamento público, o empresa propiedad o controlada por el Estado. Fuera de los Estados Unidos, se consideran funcionarios los empleados de organizaciones internacionales públicas, los candidatos a cargos de elección, los funcionarios de partidos políticos, los familiares de empleados gubernamentales y los miembros de una familia real [*sic*] también pueden ser considerados funcionarios gubernamentales.[21]

Según estas reglas internas de la compañía, cuando Keith Schilling negoció el arrendamiento de su residencia en Houston con Carolyn Adams era como si el entonces directivo de Baker Hughes estuviera tratando con un funcionario gubernamental, lo cual representaría un abierto conflicto de interés. Aún más, este conflicto se pudo haber acentuado porque la empresa para la que trabajaba Schilling como uno de sus presidentes tenía contratos vigentes con Pemex y estaba en curso de resolverse a su favor una asignación por hasta 85 millones de dólares. A eso hay que añadir que el inquilino de la casa era el hijo del mandatario mexicano, quien oficialmente es lo que en el ámbito financiero se denomina "una persona políticamente expuesta", categoría que obliga a la rigurosa supervisión de sus transacciones y las de sus familiares cercanos para atajar actos de corrupción o lavado de dinero.

El mismo código de conducta de Baker Hughes recomienda a sus directivos revelar con prontitud un conflicto de interés real o potencial, para "mitigar los riesgos de que influya en sus decisiones comerciales".[22] En caso de no reportarlo, se incurre en una violación a las normas éticas.

La compañía tenía vigente en 2019 —cuando Carolyn y José Ramón ocuparon "La Casa Gris"— una norma que obligaba a sus directivos a revelar cualquier actividad personal o financiera que pudiera representar un conflicto de interés o que pudiera afectar a Baker

[21] Página 14 del código de conducta de Baker Hughes de 2019, año en que José Ramón López Beltrán y su pareja ocuparon la casa en Houston que pertenecía a un directivo de la empresa.

[22] Página 22 del código de conducta de 2019 de Baker Hughes.

Hughes. En el caso que nos ocupa, Schilling tuvo como inquilino durante un año al hijo del presidente de México y nunca lo reportó a sus superiores, con el argumento de que no sabía quién residía en su vivienda.

## EL ATROPELLADO DESLINDE DE LA COMPAÑÍA

El 31 de enero de 2022, cuatro días después de la publicación de "La Casa Gris", Baker Hughes emitió un comunicado en el que confirmó el aspecto central del reportaje de MCCI y Latinus: que el inmueble que ocupó el hijo mayor de AMLO en Houston perteneció a un ejecutivo de la compañía.

El comunicado minimizó la importancia que el dueño de la casa tuvo en la empresa, pues se refiere a él en forma reiterada y despectiva como un "exempleado", cuando en realidad ese "exempleado" era uno de los presidentes de la compañía.

En su atropellado deslinde, la empresa aclaró: "El inmueble [en referencia a 'La Casa Gris'] nunca ha sido propiedad ni administrado directa o indirectamente por Baker Hughes. Baker Hughes no estuvo involucrado en la supuesta transacción".

Sin embargo, la investigación de MCCI y Latinus nunca mencionó que la empresa fuera dueña del inmueble. Siempre se afirmó —y se demostró documentalmente— que la casa que ocupó José Ramón López Beltrán estaba a nombre de Keith Schilling, uno de los presidentes de la compañía.

Baker Hughes también dijo en su comunicado que "la casa es una propiedad privada que, según los registros públicos, pertenecía a un exempleado que dejó la empresa en 2019" y que ese exempleado no estaba involucrado en sus operaciones en México. No obstante, en documentos de la SEC consta que Schilling declaró haberse desempeñado como "director comercial y de ventas" en Baker Hughes antes de ser ascendido a una de las presidencias de la compañía.[23] En el cargo que reportó no precisa delimitación territorial, con lo que se entiende que era el director global de ventas. Este dato no es menor; mentirle a la SEC puede ser motivo de sanciones.

El propio dueño de la casa que ocupó el hijo de AMLO mencionaba en su perfil de LinkedIn que desempeñó el doble papel de presidente de Baker Hughes en Canadá y de director comercial en la sede de la compañía en Houston hasta enero de 2020. Cuando el escándalo de "La Casa Gris" fue subiendo de tono, Schilling modificó su perfil, borró los datos que contradecían la postura de Baker Hughes y los ajustó al discurso de la compañía.

En un nuevo comunicado a sus inversionistas, difundido el 21 de febrero de 2022, Baker Hughes ya reconoció que, efectivamente, Schilling había sido uno de los presidentes de la compañía y que "anteriormente fue director comercial y de ventas en la empresa", pero aclaró que sólo para la región de Norteamérica, la cual, "de manera interna, atiende exclusivamente a Estados Unidos y Canadá", mientras que las operaciones de México "están organizadas dentro de la entidad denominada Latinoamérica y Sudamérica".

Esta delimitación realizada por la compañía resulta inusual —por no decir poco creíble—, porque desde 1994, cuando se firmó el Tratado de Libre Comercio de América del Norte (TLCAN, ahora T-MEC), las multinacionales han considerado a Norteamérica como un mercado integrado entre México, Estados Unidos y Canadá, por

---

[23] Información de la SEC contenida en el anuncio que hizo Basic Energy Services en diciembre de 2019, cuando notificó la contratación de Schilling, que se puede consultar en https://www.sec.gov/Archives/edgar/data/1109189/000110918919000170/a9912019-12x11announcement.htm.

representar ventajas arancelarias que abaratan sus costos y multipli-can sus ganancias. Por ello, las divisiones comerciales de las grandes corporaciones incluyen a los tres países como una región unificada, sobre todo cuando implica un intenso intercambio comercial, como debería ser el caso de Baker Hughes, cuyos equipos vendidos en México son de importación y, por tanto, requieren del beneficio de bajos aranceles.

En su perfil modificado en LinkedIn, Schilling reporta que fue vicepresidente comercial y de ventas de Baker Hughes (y no di-rector, como había informado a la SEC) para la región de Norte-américa, que —según él mismo anotó— incluye Canadá, Estados Unidos... ¡y Guyana!, diminuto país localizado en Sudamérica, una parte del cual es reclamado por Venezuela. En la lógica de Schilling y de Baker Hughes, Guyana es más región de Norteamérica que México, con todo y T-MEC.

## La prueba de oro: los contratos se negociaron en Houston

Hay un dato fundamental a considerar, que podría representar la prue-ba de oro en las investigaciones oficiales sobre "La Casa Gris": gran parte de las compras que realiza Pemex con los grandes proveedores multinacionales, como Baker Hughes, son a través de PPI, su filial que tiene su base de operaciones en Houston. Esas ventas son regis-tradas como operaciones comerciales realizadas en Estados Unidos y, por tanto, sí eran de injerencia de Schilling en el periodo en que tanto él como la compañía han reconocido que se desempeñaba como vi-cepresidente para Norteamérica. En su perfil profesional, antes de que lo modificara, afirmaba haber desempeñado ese cargo hasta enero de

2020, es decir, cuando José Ramón y Carolyn ocupaban su casa y, a la par, Baker Hughes recibía asignaciones adicionales por 329 millones de dólares del gobierno de López Obrador.

Un dato más a considerar: la actual presidenta de PPI es Carmelina Esquer, hija de Alejandro Esquer, el poderoso secretario particular de López Obrador. Ella tiene acceso a la información sobre cuántos contratos obtuvo Baker Hughes en ese periodo en la filial de Pemex en Houston.

En un documento interno se describe a PPI como una filial propiedad de Pemex que fue establecida en 1994 en el estado de Delaware,[24] considerado el paraíso fiscal de Estados Unidos, bajo la denominación Integrated Trade Systems, Inc., y fue en julio de 2013 cuando se cambió a su actual nombre. La filial se creó para brindar servicios de compras a Pemex y a sus empresas subsidiarias con proveedores ubicados en todo el mundo, y sus principales adquisiciones incluyen "equipos de perforación y producción de pozos petroleros, equipos marinos, motores, turbinas y compresores", que son precisamente el tipo de productos que abastece Baker Hughes.

Al haber sido "constituida en Delaware y autorizada para hacer negocios en Texas, PPI está, por consiguiente, fuera de la jurisdicción de las leyes mexicanas".[25] En eso se amparan los directivos de PPI para mantener en secreto los documentos de sus transacciones comerciales y negarse a responder peticiones de acceso a la información.

No obstante, en el transcurso de la presente investigación se pudo corroborar la participación de la filial de Pemex en Houston en procedimientos que favorecieron a Baker Hughes. Uno de ellos

---

[24] La inscripción en Delaware se realizó el 18 de febrero de 1994.

[25] OCDE, *Estudio sobre las contrataciones públicas de Pemex. Adaptándose al cambio en la industria petrolera*, OCDE Publishing, París, 2017.

derivó en el contrato 640218810, cuya renovación suscrita en noviembre de 2021 es la que está condicionada a que la compañía texana aplique acciones anticorrupción.

Ese contrato, como mencioné anteriormente, fue formalizado en marzo de 2018, en el último año de Peña Nieto; el monto original asignado fue por 66 millones de dólares, pero se multiplicó por cinco en el gobierno de López Obrador, hasta sumar 343 millones de dólares.

PPI, que ahora está bajo la dirección de la hija de Esquer, evaluó la información legal, administrativa, financiera y técnica de tres empresas de Baker Hughes que se habían unido para formar un consorcio, y con base en su dictamen es que la subsidiaria Pemex Exploración y Producción firmó el contrato 640218810 y sus cuatro consecutivas ampliaciones.

## BAKER HUGHES EXCULPA A JOSÉ RAMÓN;
### SU SEÑORA ES LA QUE FIRMÓ

Desde su primer comunicado, Baker Hughes se ha deslindado de "La Casa Gris". Y para reforzar su postura, contrató al despacho de abogados R. McConnell Group, que tiene su base en Houston, para que hiciera una investigación interna.

Los resultados de la investigación del despacho texano fueron dados a conocer el 21 de febrero de 2022 y son casi idénticos a la postura que desde el 31 de enero del mismo año había fijado Baker Hughes: que la compañía no tuvo participación ni conocimiento de la transacción de arrendamiento de la casa, y que la multiplicación de los contratos nada tiene que ver con que el inquilino de uno de sus altos ejecutivos fuera el hijo del presidente López Obrador.

Bob Pérez, vicepresidente de la compañía en México, fue el encargado de presentar el informe de lo que calificó como "una investigación independiente" y seria, ordenada y pagada por Baker Hughes, que deslinda de conflicto de interés o corrupción a la propia empresa.

La tan presumida independencia quedó en duda cuando Bob Pérez presentó los resultados de la investigación en las instalaciones de Pemex, ante el director de la petrolera mexicana, Octavio Romero Oropeza. El presidente López Obrador dio por buena la auditoría pagada por Baker Hughes y pidió ponerla a disposición de la FGR, lo cual es un anticipo de que esa instancia terminará por dar carpetazo a la indagatoria que apenas había iniciado. Porque ya el informe de los abogados texanos concluyó: "Como parte de la investigación, el despacho no identificó implicación o relación alguna con José Ramón López Beltrán, hijo del presidente mexicano, Andrés Manuel López Obrador", porque fue su pareja —y no él— quien negoció "La Casa Gris" con Schilling.

Los resultados de la "auditoría independiente" ordenada por Baker Hughes recuerdan a la investigación que el secretario de la Función Pública del anterior sexenio, Virgilio Andrade, realizó en 2015 para exonerar a Enrique Peña Nieto de responsabilidad por la llamada "Casa Blanca". Su conclusión fue que Peña no incurrió en conflicto de interés porque fue su esposa Angélica Rivera la que negoció con Grupo Higa la adquisición de la casa.

Es exactamente el mismo argumento, y casi el mismo fraseo, el utilizado en "La Casa Gris" y en "La Casa Blanca".

En realidad, el conflicto de interés no se ha disipado, sino que se ha multiplicado. Baker Hughes pagó una investigación a sí misma y presentó los resultados a Pemex, que es la instancia que debería estar investigando a su proveedor. El sospechoso se autoinvestigó y reportó al que debió investigarlo, quien terminó por exonerarlo.

¿Qué hubiera dicho AMLO, en su fase de opositor, si Odebrecht se hubiera mandado a investigar a sí misma de las acusaciones de corrupción? Seguramente la compañía se habría declarado inocente. Así de absurdo suena considerar que el caso está aclarado por una investigación pagada por la propia Baker Hughes.

La pesquisa ordenada por la compañía también exoneró a Keith Schilling, quien fuera el dueño de "La Casa Gris".

"El despacho encontró que el señor Schilling no tuvo responsabilidad alguna ni estuvo involucrado en ningún trabajo de Baker Hughes Company en México, incluyendo los negocios con Petróleos Mexicanos", se lee en el informe del despacho. Pero hay registros aduanales que muestran millonarios envíos desde Estados Unidos de equipos vendidos por Baker Hughes que tienen como cliente y destinatario a Pemex, en el periodo en el que Schilling fue director de ventas para Norteamérica.[26]

"En cualquiera de mis roles en Baker Hughes, no tenía responsabilidad con ninguna actividad comercial o contrato en, o relacionado con, México", declaró Schilling a la agencia Bloomberg.[27]

La postura de Schilling se parece a la justificación que daba Emilio Lozoya cuando en 2017 fue acusado de haber favorecido a Odebrecht; en su defensa, alegaba que él nunca había participado en ningún trato comercial, procedimiento de autorización y mucho menos en la asignación de los contratos, y que la prueba era que su firma no aparecía en ningún documento suscrito con la empresa brasileña. Lo mismo podría argumentar el actual titular de Pemex, Octavio Romero Oropeza, en caso de comprobarse beneficios indebidos a Baker

---

[26] Base de datos de operaciones aduanales recopilada por el autor.

[27] "Exejecutivo de Baker Hughes no sabía que su inquilino era hijo de AMLO", reporte de David Wethe difundido por la agencia Bloomberg el 4 de febrero de 2022.

Hughes, pues en ninguno de los contratos revisados o en las ampliaciones aparece su firma, porque los directores generales no firman: mandan por delante a sus subordinados.

Es muy temprano para dar por cerrado el caso. Como ya se dijo antes, apenas están en curso investigaciones en México y Estados Unidos.

## Más contratos en Dos Bocas a Baker Hughes

A mediados de 2020, cuando José Ramón todavía era inquilino de "La Casa Gris", una empresa vinculada a Baker Hughes obtuvo un contrato de una filial de Pemex para sumarse como proveedor de la refinería de Dos Bocas, la emblemática obra del sexenio impulsada por López Obrador en Tabasco, su estado natal. A esa adjudicación vinieron en forma sucesiva otras dos, que en conjunto sumaron 5 mil 392 millones de pesos (alrededor de 270 millones de dólares).

Las tres asignaciones fueron sin licitación pública, mediante la modalidad de invitación restringida, por parte de PTI Infraestructura de Desarrollo, S. A. de C. V., una filial de Pemex que había sido creada en marzo de 2019 para administrar los recursos federales asignados a la construcción de la refinería de Dos Bocas.[28]

El apoderado legal de PTI es Leonardo Cornejo Serrano,[29] quien durante el gobierno de Enrique Peña Nieto estuvo involucrado en el caso Odebrecht como colaborador directo de Emilio Lozoya. Cornejo Serrano tuvo un papel central en la mayor trama

---

[28] Escritura pública 120813 del 14 de marzo de 2019, protocolizada ante el notario 217 de la Ciudad de México, José Ángel Fernández Uría.

[29] Poder otorgado el 4 de junio de 2019 ante el notario 217 de la Ciudad de México.

de corrupción del anterior sexenio, pues se reunió nada menos que en 46 ocasiones en la torre de Pemex con Luis Weyll, el negociador de los pagos ilícitos de la constructora brasileña, y fue quien supervisó y validó una obra en Tula por la que se pagaron seis millones de dólares en sobornos.[30]

En el actual sexenio este exfuncionario peñista ha tenido injerencia en la dirección del proyecto de la refinería de Dos Bocas y como apoderado legal de PTI Infraestructura de Desarrollo ha participado en los procedimientos para asignar contratos sin licitación.

Casi al arranque de la construcción de la refinería, en el desarrollo del paquete 1 de la obra, PTI asignó por el procedimiento de "selección de proveedor" un contrato por 304 millones de pesos a una sociedad en la que participaba una empresa vinculada a Baker Hughes.

El contrato se otorgó al consorcio formado por la compañía Nuovo Pignone International y la estadounidense GE Oil & Gas Products and Services, pero ambas empresas tienen conexión con Baker Hughes; la primera es su filial italiana y la segunda es el resultado de una fusión.

GE Oil & Gas era la división petrolera de General Electric Company, y en 2017 se fusionó con Baker Hughes para operar como una sociedad única en México, enfocada a la proveeduría de tecnologías y equipos para la industria del petróleo. La Comisión Federal para la Competencia Económica (Cofece) autorizó por unanimidad, en junio de aquel año, la concentración de ambas compañías, así como sus subsidiarias y filiales,[31] y desde entonces son una misma.

---

[30] "Leonardo Cornejo, de instrumentar para Odebrecht contratos manchados de corrupción a dirigir para AMLO la refinería del sexenio", investigación de Raúl Olmos publicada el 9 de septiembre de 2020 en la plataforma de MCCI.

[31] Acta de la 26 sesión ordinaria del pleno de la Cofece, realizada el 22 de junio de 2017.

El primer contrato en Dos Bocas a las empresas ligadas a Baker Hughes estuvo vigente a partir del 24 de junio de 2020, para el suministro e instalación de un compresor de Gas Húmedo para la planta de coquización retardada en la refinería.[32]

Después de ese contrato vinieron otros dos, por montos cada vez más elevados. Las cifras de las asignaciones se multiplicaron hasta por 10, pues el primer contrato fue por 304 millones de pesos, el segundo por mil 493 millones y el tercero ascendió a 3 mil 595 millones de pesos.

El segundo contrato se dio en septiembre de 2020 a la compañía Baker Hughes Products and Services en sociedad con su filial italiana Nuovo Pignone, para la adquisición de ocho compresores que se instalarán en las plantas de diésel, naftas y gasóleos.[33] Al mes siguiente, en octubre de 2020, se otorgó al mismo consorcio el tercer y mayor contrato, para la adquisición del sistema de turbogeneración en Dos Bocas.[34]

La propia secretaria de Energía, Rocío Nahle, viajó en julio de 2021 a Florencia, Italia, a conocer las instalaciones de Baker Hughes, y le reportó los resultados de su visita al presidente López Obrador en un video que le mostró la mañana del 2 de agosto de ese año: "nos están haciendo los rotores, los impulsores de compresores de Dos Bocas". La visita a Baker Hughes —le dijo Nahle a AMLO— fue para supervisar que cumplieran con el plazo pactado para la entrega de los equipos.

---

[32] Contrato de adquisición PTI-ID-PROC-37-2020.

[33] Contrato de adquisición PTI-ID-PRCO-55-2020.

[34] Contrato de adquisición PTI-ID-PROC-50-2020.

## Los años de la bonanza de Baker

Baker Hughes ha tenido un sexenio de ensueño. Los pagos que ha recibido de parte de Pemex se han triplicado durante el gobierno de López Obrador. El propio director de la petrolera mexicana, Octavio Romero Oropeza, fue quien ventiló estadísticas que evidencian los beneficios a la multinacional.

Romero Oropeza fue convocado el miércoles 9 de febrero por el presidente de México para que acudiera a la mañanera en Palacio Nacional a explicar los contratos con Baker Hughes y desmentir así lo que López Obrador calificó como "una calumnia y un escándalo sin fundamento".

Pero en lugar de refutar la información de que Baker Hughes ha gozado de privilegios, el director de Pemex presentó estadísticas que comprueban que la empresa estadounidense ha prosperado en el actual sexenio. De 2018 a 2021 los pagos de Pemex a Baker Hughes se multiplicaron al triple, según detallan las estadísticas presentadas aquel día por Romero Oropeza ante el presidente.

"Estos incrementos en la facturación se deben al aumento en la actividad de exploración y producción, y que se pueden corroborar con los resultados logrados en las reservas y en la producción en estos últimos tres años", dijo Romero Oropeza para justificar los mayores desembolsos.

En 2018 —todavía durante el gobierno de Peña Nieto— los pagos de Pemex a Baker Hughes sumaron 2 mil 900 millones de pesos. En 2019 (año en el que el hijo mayor de López Obrador ocupó una casa en Houston de quien en ese entonces era alto ejecutivo de la compañía) los pagos subieron a 4 mil 119 millones de pesos. Los dos años siguientes el dinero se multiplicó todavía más.

En las estadísticas proyectadas en el salón Tesorería de Palacio Nacional se mostró que en 2020 Pemex pagó 6 mil 494 millones de pesos a Baker Hughes y en 2021 —su mejor año— los desembolsos llegaron a 8 mil 859 millones de pesos.

A enero de 2022 Pemex mantenía con Baker Hughes 10 contratos por los que le adeudaba 3 mil millones de pesos.[35]

Pese a que las estadísticas mostraron la prosperidad de la multinacional, el director de Pemex aseguró que "no hay empresas consentidas".

En aquella comparecencia en Palacio Nacional, Romero Oropeza confirmó que en agosto de 2019 (cuando José Ramón ocupó "La Casa Gris") se otorgó un contrato a la compañía estadounidense por 85 millones de dólares.

Un argumento de Romero Oropeza, para justificar la multiplicación de los pagos a Baker Hughes, es que se trata de una empresa que trabaja en México desde hace más de 50 años. Y, efectivamente, un antecedente de la compañía está en la firma Gali de México, que fue constituida en junio de 1971 y que dos meses después cambió a la denominación Galigher de México, S. A. de C. V.[36] Al paso de los años hubo más modificaciones de nombres: en enero de 1980 se denominó Bakerline de México,[37] en febrero de 1985 se transformó en Baker CAC de México[38] y en agosto de 1993 se le llamó BH Services, S. A. de C. V.,[39] que es el nombre que mantuvo durante tres décadas.

---

[35] "Debe Pemex a Baker Hughes 3 mil 21 mdp", nota de Diana Gante publicada el 15 de febrero de 2022 en *Reforma*.

[36] Escritura pública 52654 del 8 de junio de 1971 ante el notario Enrique del Valle.

[37] Acta inscrita en el Registro Público de Comercio con el folio mercantil 510, del 7 de abril de 1980.

[38] Escritura pública 139949 del 8 de febrero de 1985 ante el notario Mario Monroy Estrada.

[39] Escritura pública 30257 del 19 de agosto de 1993 ante el notario Guadalupe Guerrero.

Otro antecedente está en la empresa Herramientas y Triconos, S. A. de C. V.,[40] que en julio de 1995 cambió su nombre a Baker Hughes de México, S. A. de C. V.[41]

Además de los contratos oficiales, la compañía estadounidense también incrementó su presencia en México en el actual sexenio como proveedor de petroleras que desarrollan proyectos en aguas profundas, como es el caso de la compañía italiana ENI y Petronas, de capital malasio.[42]

---

[40] Empresa inscrita en el Registro Público de Comercio el 30 de septiembre de 1981 con el folio mercantil 41544.

[41] Escritura pública 5789 del 21 de julio de 1995 otorgada ante la notaría de Guadalupe Guerrero.

[42] "Baker Hughes toma fuerza en México", columna "De Jefes" publicada sin firma el 5 de agosto de 2019 en *El Financiero*.

# V

# La embestida contra la prensa

## La venganza: difundir ilegalmente datos personales

"Ya me llegó información sobre cuánto gana Loret", celebró el presidente de México la mañana del viernes 11 de febrero de 2022, durante una gira por Sonora. Desde que Mexicanos contra la Corrupción y la Impunidad (MCCI) y Latinus revelaron las residencias que habitó en Houston su hijo mayor, López Obrador emprendió una embestida contra los medios y los periodistas que participamos en la elaboración y difusión del reportaje, pero se ensañó de manera particular con Carlos Loret de Mola, a quien durante más de tres meses continuos fustigó desde la tribuna presidencial.

La mañana del 11 de febrero López Obrador sonreía satisfecho; disfrutaba el episodio que estaba por vivirse. En su afán de desquite contra el periodista que contribuyó a amplificar el reportaje de "La Casa Gris", decidió dar un golpe que rayaba en la ilegalidad: la difusión de datos personales, información cuya confidencialidad está garantizada por la propia Constitución y por la ley de transparencia. Como sabía que estaba por cometer un ilícito, deslindó de la filtración a agentes de su gobierno y se la atribuyó a ciudadanos anónimos.

"Desde hace tiempo a nosotros nos apoya el pueblo y nos envía información", justificó. "Hace un momento le dije el general Audomaro [Martínez, director del Centro Nacional de Inteligencia]: ¿Cuántos elementos tenemos de inteligencia, que no de espionaje? Me dijo que como mil. Y le digo: Uy, ya te gané, yo tengo como 50 millones que me informan."

Entonces, continuó, "me entregaron un informe" sobre Loret, a quien calificó de mercenario, golpeador y corrupto. Acto seguido, volteó a ver a su vocero Jesús Ramírez para preguntarle: "No sé si tienes una hojita que te mandé hoy, de lo que gana". Y de inmediato se proyectó en una pantalla una tabla en la que se desglosaron ingresos por 35 millones 200 mil pesos que supuestamente obtuvo Loret en 2021, de los cuales López Obrador atribuyó 11.8 millones a remuneraciones en Televisa; otros 9.2 millones de pesos en sueldos en Radiópolis; 6.3 millones de pesos por ingresos en el sitio Latinus; 4.5 millones en *El Universal*, 600 mil pesos en la versión digital en español del *Washington Post* y 2.8 millones en otras fuentes de ingreso no especificadas.

A un lado de la tabla con los ingresos de Loret se proyectó en la misma pantalla el ingreso anual del presidente. "Miren cuánto gano yo, bruto anual, 2 millones 11 mil [pesos] y él gana 35 millones 200 mil [pesos], o sea, que él gana como 15 veces más que yo."

Loret respondió ese mismo día, por la tarde, y aseguró que López Obrador inflaba las cifras de sus ingresos. "Por ejemplo, dijo que Televisa me había pagado el año pasado millones de pesos, cuando yo no trabajo en Televisa desde el año 2019." Ejecutivos de la televisora también desmintieron a AMLO, de manera personal, sobre los pagos presentados en la mañanera. No obstante, el presidente se aferró a la cantidad que ya había dicho y "cuadró los números" atribuyéndole un ingreso mayor a Loret en Radiópolis. "Sí puedo probar que recibió, en el 2021, 35 millones 200 mil pesos, y que tengo todas las facturas y todos los comprobantes", alegó el presidente.

Loret le dijo que las acusaciones eran porque el presidente no había podido sacudirse el escándalo de las casonas de su hijo en Houston. "Nada de esto estaría pasando si no hubiéramos mostrado la alberca de 23 metros, el cine privado y, sobre todo, los contratos multimillonarios en dólares, reconocidos por Pemex, con la empresa petrolera cuyo alto ejecutivo es el dueño de la casa del hijo del presidente. El presidente está enfurecido, está fuera de sí […] Si las casonas de Houston fueran mentira, el presidente no estaría así. Pero son verdad, y despedazaron su falso discurso de austeridad."

López Obrador, redondeó Loret en su réplica, "está desesperado, dispuesto a insultar, a calumniar, a espiar; está peligrosamente dispuesto a todo para silenciar el periodismo crítico".

La difusión de los supuestos ingresos de Loret propició una intensa discusión en redes a favor y en contra del periodista. En un Twitter Space administrado por la agrupación Sociedad Civil se reunieron entre el viernes 11 y el sábado 12 de febrero más de 64 mil personas que se pronunciaron en defensa de la libertad de expresión y de rechazo a la difusión ilegal de datos personales. El encuentro virtual representó un récord mundial, que el propio AMLO y sus seguidores desacreditaron, al considerar que se recurrió a bots, o usuarios falsos, incluso desde países árabes. "Como fue tendencia a nivel internacional, no dudo, porque son especialistas en guerra sucia, de que hayan comprado bots para las redes sociales", dijo López Obrador.

## EL EXHORTO PRESIDENCIAL A VIOLAR LA CONSTITUCIÓN

La movilización masiva en redes no frenó su ímpetu de venganza y el 14 de febrero de 2022 el presidente emprendió una nueva embestida. Ese día envió una carta a la presidenta del Instituto Nacional de

Transparencia, Acceso a la Información y Protección de Datos Personales (INAI), en la que pidió que se hiciera una investigación sobre las percepciones y las propiedades de Carlos Loret de Mola, de sus socios y de su familia, para hacerlas públicas, lo cual implicaba una abierta petición del presidente de la República a violar los artículos 6° y 16 de la Constitución, que garantizan que la información que se refiere a la vida privada y los datos personales de cualquier persona está protegida por la ley.

La misiva representaba un exhorto a que el INAI también cometiera un ilícito, como él ya lo había hecho el 11 de febrero, al difundir información confidencial de particulares. La carta decía textual:

Maestra Blanca Lilia Ibarra Cadena
Comisionada presidenta del Instituto Nacional de Transparencia,
Acceso a la Información y Protección de Datos Personales:

Presente

Como es de dominio público, el viernes pasado di a conocer un resumen de una documentación que personas anónimas hicieron llegar a la oficina de Atención Ciudadana de la Presidencia, en la cual se fundamenta que el periodista Carlos Loret de Mola obtiene ingresos anuales por 35 millones de pesos.

Como seguramente es del conocimiento de ustedes, esta persona se ha dedicado de manera permanente a calumniarme con el propósito de afectar mi autoridad moral y buscar detener el movimiento de transformación que millones de mexicanos estamos impulsando para acabar con las profundas desigualdades sociales causadas por la corrupción que ha predominado en nuestro país y que se intensificó en el llamado periodo neoliberal o neoporfirista.

Los beneficiarios de esta política de pillaje están molestos con nuestro proceder y han emprendido una campaña o guerra sucia, utilizando a personajes como el señor Loret de Mola para desprestigiar y golpear políticamente a nuestro movimiento.

En una democracia es legal y legítimo que exista oposición y el derecho al disenso y a la libre expresión deben ser garantizados. Sin embargo, no es ético ni honesto usar fondos privados, obtenidos mediante actos de corrupción, para sabotear un programa gubernamental orientado a liberar al conjunto de la población de miserias y temores. México no debe ser país de unos cuantos, ni debemos presenciar impasibles los intentos de una banda de malhechores de causar nuevas desgracias a las mayorías.

En consecuencia, como ciudadano y presidente de la República, les solicito que se lleve a cabo una investigación para hacer públicas las percepciones, los bienes y el origen de la riqueza que posee el señor Carlos Loret de Mola, socios y familiares.

Esta información seguramente la podrán obtener en el Registro Público de la Propiedad y Comercio, en el Servicio de Administración Tributaria o en la Unidad de Inteligencia Financiera.

También les solicito que, si ustedes no tienen competencia para atender este asunto, me informen si puedo como ciudadano, ejerciendo mi derecho a la libertad de información y expresión, dar a conocer facturas y comprobantes sobre los ingresos del señor Loret de Mola, de conformidad con la documentación que me hicieron llegar los ciudadanos.

El caso que nos ocupa permite apreciar en forma excepcionalmente nítida la diferencia entre el periodismo y la difamación, entre la búsqueda de la verdad y la fabricación de la mentira, entre la crítica ciudadana y el libelo como instrumento de intereses político-empresariales furtivos e inconfesables.

No es, pues, un asunto menor, ni personal, que pueda solventarse con argumentos legaloides, sino parte del esfuerzo por purificar la vida pública de México en beneficio de todos mediante la verdad, la transparencia y la abolición de los privilegios.

En su carta, López Obrador evidenció su desconocimiento sobre las atribuciones del INAI y sobre los artículos de la Constitución que garantizan la confidencialidad de los datos personales de todos los ciudadanos.

La presidenta del INAI le respondió dos días después, el 16 de febrero, también a través de una carta, en la que aclaró: "En referencia a su petición consistente en que este instituto lleve a cabo una investigación para hacer públicas las percepciones, los bienes y el origen de la riqueza que posee el señor Carlos Loret de Mola, socios y familiares, se le informa que el INAI no cuenta con facultades constitucionales ni legales para realizar investigaciones como la solicitada".

Luego, la comisionada le explicó a López Obrador cuáles son los procedimientos para hacer solicitudes de acceso a la información y los medios de impugnación y queja, en caso de no estar conforme con las respuestas de los sujetos obligados. La carta era un ABC de la transparencia, que cualquier periodista novato domina y que, se supone, debería conocer cualquier funcionario público, y mucho más el presidente.

Blanca Lilia Ibarra también le hizo ver a AMLO que su petición era violatoria de los artículos 6º y 16 de la Constitución, que protegen la información que tiene que ver con la vida privada y los datos personales de sus gobernados.

"Para efecto de poder dar a conocer por cualquier medio datos personales, es necesario contar con el consentimiento previo de la persona en cuestión, el cual debe otorgarse de forma libre, específica e informada, y en algunos casos de manera expresa", le aclaró la presidenta del INAI. Es decir, para difundir la información personal de Loret, el presidente requería tener el aval del propio Loret. Esto incluye los comprobantes con requisitos fiscales, facturas o relación de ingresos. En caso de difundirse sin la autorización —como fue el caso—, se incurre en un ilícito.

Los argumentos del INAI no le importaron al presidente, quien el 17 de febrero, durante una visita a Tijuana, exigió también revelar cuánto ganan otros periodistas que han sido críticos con su gobierno. "Ellos deberían de dar a conocer cuánto ganan, de dónde obtienen sus recursos; cuánto gana Ciro Gómez Leyva, cuánto gana Joaquín López Dóriga, cuánto gana Jorge Ramos."

## "LA ALBERCA DE RAMÓN ERA UNA BAÑERA EN COMPARACIÓN CON LA DE LORET"

En las siguientes semanas, el presidente mantuvo abierta su confrontación con Loret, la cual llegó a un punto crítico el 7 de abril, cuando exhibió en la conferencia mañanera de Palacio Nacional un plano de un terreno de más de tres hectáreas en Valle de Bravo y una factura por la compra de un departamento con valor de 24 millones de pesos, ambos a nombre de Carlos Loret de Mola.

"Ahí está el terreno —dijo el presidente cuando mostró el plano en una pantalla gigante—. Camino a los Álamos. La superficie exactamente son 34 mil 516 [metros cuadrados]." Según AMLO, el predio era propiedad de Miguel Limón Rojas, exsecretario de Educación en el sexenio de Ernesto Zedillo. La superficie la comparó con la del rancho La Chingada que el presidente tiene en Chiapas. "Son tres veces la quinta de allá de Palenque, que tiene 12 mil metros cuadrados", dijo. Y como ha hecho desde que se reveló "La Casa Gris", minimizó el tamaño de la residencia que ocupó su hijo mayor en Houston, al compararla con la finca que —según él— construyó el periodista en Valle de Bravo: "La casa esa que rentó José Ramón y su esposa y su alberca, pues parece bañera en comparación de la alberca de Loret de Mola".

Acto seguido, solicitó que le mostraran el documento de compra de un departamento también atribuido al periodista de Latinus. "¿Por qué no pones la factura? Del departamento de 24 millones", le pidió a su vocero, Jesús Ramírez.

Y mientras el vocero trataba de localizar el documento solicitado, el presidente se puso a hacer remembranzas de cuando en su juventud fue funcionario priista, como delegado del Instituto Nacional Indigenista en Tabasco de 1977 a 1982, cuando el presidente de México era José López Portillo, cuyo sexenio estuvo marcado por la corrupción, y el gobernador tabasqueño (el que lo incorporó en su primera experiencia como funcionario) era Leandro Rovirosa, quien había sido integrante del gabinete de Luis Echeverría.

Interrumpió el repaso de sus recuerdos en la era autoritaria del Partido Revolucionario Institucional (PRI), cuando apareció en la pantalla gigante la imagen de una factura en la que se leía el nombre "Carlos Loret de Mola Álvarez".

"Ésta la vamos a dejar ahí", ordenó, para después leer lo anotado en la factura: pago en una sola exhibición por 24 millones 81 mil pesos, el 15 de agosto de 2019, por concepto de la transmisión de propiedad formalizada en la notaría 116 de Ignacio Morales Lechuga, quien fue procurador con Carlos Salinas de Gortari.

—¿Cuánto vale un departamento del Infonavit [Instituto del Fondo Nacional de la Vivienda para los Trabajadores]? —lanzó AMLO la pregunta al aire.

—Quinientos mil pesos —respondió un periodista en la mañanera.

El presidente hizo un cálculo rápido para estimar que el valor del departamento de Loret equivalía a 48 departamentos de Infonavit. "¡Se aventó una unidad habitacional completa! Y ésa sí tengo la prueba para que no diga que no, ésa sí me llegó hoy", dijo sarcástico.

En un video que hizo circular en sus cuentas en redes sociales y en la plataforma de Latinus, Loret respondió: "El presidente lleva varias semanas obsesionado con cuánto gano y qué tengo. Yo sé que lo hace para esconder que no puede explicar cómo su hijo se volvió millonario de la noche a la mañana sin trabajar".

Argumentó que su trabajo de dos décadas en medios de comunicación le permitió ahorrar para mejorar su modo de vida y que, en cambio, el presidente no puede justificar de qué vivió durante más de una década sin tener un empleo formal.

"Yo no soy el que no puede explicar de qué ha vivido, ése es usted", le dijo a López Obrador. "Yo no soy el que pasó 13 años entre jefe de gobierno y presidente sin trabajar, reportando que no tenía ingresos, ése es usted. Yo no soy el que ha vivido de recibir sobres amarillos con dinero en efectivo, ése es usted. Yo no soy el que se mantiene con aportaciones que todos sabemos que son corrupción. Yo no soy el que no paga impuestos. Yo no soy el que dice que no usa tarjetas de crédito ni tiene créditos. Yo no soy el que trata de engañar con el cuento de que le alcanza con 200 pesos en la cartera. Yo no soy el que tiene hijos que nunca han trabajado y de pronto se volvieron millonarios. Yo no soy el que tiene hijos que se convirtieron en coyotes del gobierno de papá; yo no soy ése; ése es usted."

La embestida del presidente —abundó Loret— ha sido porque no ha podido desmentir la investigación que despertó su furia. "¿O no vivía su hijo José Ramón en la casa gris de Houston? ¿No tenía una alberca de 23 metros? ¿La casa no era de un alto ejecutivo de una empresa petrolera a la que le han triplicado los pagos en su sexenio? [...] No nos ha podido desmentir un párrafo, un renglón, y eso lo tiene furioso, fuera de sí, con un apetito de venganza que no parece tener límites."

Loret se volvió una obsesión del presidente. Ha hablado de él en 29 de 43 mañaneras realizadas en el transcurso de dos meses,[1] y en forma reiterada ha incurrido en ilícitos al difundir información personal y fiscal.

## DE LA ADMIRACIÓN A LA FURIA CONTRA ARISTEGUI

Antes de "La Casa Gris", López Obrador se expresaba con respeto y admiración hacia la labor periodística de Carmen Aristegui. Abogaba por ella cada vez que la atacaban y la censuraban. En sus conversaciones se percibía que le tenía aprecio.

"Mi solidaridad con Carmen Aristegui. Es vergonzoso este nuevo ataque a la libertad de expresión", escribió AMLO en su cuenta de Twitter el 7 de febrero de 2011, cuando la estación de radio MVS sacó del aire a la periodista por haber dado la noticia de que diputados del Partido del Trabajo (PT) habían colocado una pancarta en el Congreso con la leyenda: "¿Tú dejarías conducir a un borracho tu auto? No, ¿verdad? ¿Y por qué lo dejas conducir el país?" El mensaje era una alusión al presidente Felipe Calderón, ante lo cual Carmen planteó en la transmisión del 4 de febrero de aquel año: "Pongámosle

---

[1] "AMLO insiste en difundir información privada en 'mañaneras' a pesar de violar normas", nota sin firma publicada el 14 de abril de 2022 en *Animal Político*.

atención al asunto y dejemos la pregunta abierta: ¿tiene o no problemas de alcoholismo el presidente de la República?" Tras ese comentario, la empresa la cesó, con el argumento de que había violado el código de ética, aunque luego se supo que su salida había sido por presiones gubernamentales. Ante el escándalo suscitado por su despido, el empresario Joaquín Vargas reconsideró, y ella volvió al aire antes de una semana.

"Celebro el regreso de Carmen Aristegui —expresó López Obrador el 16 de febrero de 2011—. Se recupera uno de los pocos espacios de comunicación."

La periodista permaneció cuatro años más en MVS, pues en marzo de 2015 fue despedida, esta vez de forma definitiva, tras un diferendo por el cese de Daniel Lizárraga e Irving Huerta, integrantes de su equipo de investigación. Su salida de la estación se dio cuatro meses después de que publicó en su propio portal, junto con medios aliados, el reportaje de "La Casa Blanca", una investigación que marcó, como una mancha indeleble, la corrupción en el gobierno de Peña Nieto.

López Obrador exaltó el valor periodístico de ese reportaje, y lo tomó como referencia para cuestionar a Televisa, que en aquel entonces era el medio al que más criticaba.

"Los de Televisa siempre han esgrimido que 'la nota es la nota', pero callan sobre la Casa Blanca de EPN de 116 millones", reclamó el 11 de noviembre de 2011, dos días después de que Aristegui dio a conocer la mansión de Las Lomas de Chapultepec. A pesar de que el reportaje revelaba un potencial conflicto de interés, porque la casa había sido negociada con un contratista del gobierno, Televisa decidió no abordar el tema de inmediato.

"Emilio [Azcárraga], informa, aunque sea en las mangas del chaleco, sobre 'el jacalito' en Las Lomas", reclamó AMLO el 14 de noviembre. "Otra semana y los de Televisa siguen sin informar sobre el escandaloso soborno de la Casa Blanca de EPN. Aplaudir y callar es la consigna", escribió tres días después en Twitter.

Cuando MVS despidió a Aristegui, en marzo de 2015, López Obrador abogó por una conciliación entre la periodista y el empresario Joaquín Vargas.

"Es indispensable mantener abiertos los cinco espacios de comunicación que son independientes y libres en el país: el de Carmen Aristegui, el programa de Jacobo Zabludovsky, el semanario *Proceso*, así como los periódicos *Reforma* y *La Jornada*", declaró el 13 de marzo de 2015.

Aristegui no volvió a MVS, y durante todo el gobierno de Peña quedó relegada de la radio comercial. En enero de 2017 decidió reiniciar transmisiones, pero vía internet. Cuando cumplió un año en su programa de radio digital, López Obrador le llamó por teléfono para felicitarla. "Es muy importante lo que han hecho. Es una hazaña el abrirse paso en el internet", le dijo el 16 de enero de 2018. Y aprovechó la llamada para prometer que si llegaba a la presidencia su relación con los medios sería respetuosa: "No vamos nosotros a tener injerencia para manipular medios de comunicación, ni vamos mucho menos a limitar a ningún medio, vamos a hacer efectivo el derecho a disentir, va a haber libertades plenas. Y reivindicarles a ustedes porque han sido víctimas de la censura, a quienes han sido afectados por decisiones cupulares, por decisiones de arriba, de los presidentes en turno, de manotazos en la mesa, que no van a ser la característica de nuestro gobierno. Vamos a actuar con mucha tranquilidad, con mucha prudencia y garantizando las libertades a todos. Vamos también a proteger a los periodistas".

Justo nueve meses después de esa llamada, el 17 de octubre de 2018, la periodista volvió a la radio comercial, por medio de una alianza entre su sitio de Aristegui Noticias y Grupo Radio Centro. Nuevamente López Obrador —quien ya para entonces era presidente electo— le volvió a llamar para felicitarla.

"Carmen, sólo para desearte lo mejor. Estoy seguro que va a ser muy exitoso tu programa —le dijo desde Ciudad Victoria, Tamaulipas, en donde realizaba una gira—. Ahora que ya estás de nuevo en radio abierta vas a tener como siempre mucho radioescucha, mucha gente pendiente de tu noticiero por lo que tú representas, por lo que tú significas como periodista independiente, profesional […] Es un buen inicio de una nueva época, reivindicando el periodismo libre, ahora sí que dando su recompensa a quien fue víctima de la censura."

Con esto, enfatizó AMLO, "ganamos todos".

Y una vez más se comprometió a que en su gobierno se daría especial valor a la prensa libre e independiente.

El trato cordial del presidente se rompió en noviembre de 2021, cuando Aristegui publicó la investigación titulada "Sembrando vida y la fábrica de chocolates", realizada por los periodistas Tania Gómez y Sergio Rincón, en la que se aborda el negocio de los hijos del presidente en el cultivo de cacao.

La investigación fue financiada por la organización Connectas, pero el reclamo presidencial fue contra *Proceso* y Aristegui, dos de los medios aliados que contribuyeron a difundir la pieza periodística.

"*Proceso* y Carmen Aristegui sacaron un reportaje […] sobre un terreno que tienen mis hijos, heredados esos terrenos desde que vivía su mamá, es una herencia familiar. Hicieron toda una investigación mentirosa, sin fundamentos, para buscar mancharnos con la máxima del hampa del periodismo, que la calumnia, cuando no mancha, tizna", expresó el 29 de noviembre en una gira por Oaxaca.

Visiblemente enojado, López Obrador se lanzó con rudeza contra Aristegui, de quien se deslindó. Y todas las anteriores expresiones de admiración y respeto por su labor periodística fueron echadas al olvido y las cambió por una retahíla de injurias:

*Proceso* y Carmen Aristegui nunca han estado a favor de nuestro movimiento, ellos dicen que porque son independientes, y yo sostengo que sí son independientes, pero independientes del pueblo, que nunca se han involucrado, nunca han hecho un periodismo en favor del pueblo. Entonces, nada más dejarlo en claro porque luego hay confusión, se piensa que estos medios seudoobjetivos, seudoprogresistas, seudoindependientes, tienen vinculación con nosotros y no, ellos están haciendo su trabajo, pero no tenemos identificación, no hay simpatías. Carmen Aristegui, pues escribe en *Reforma* y pertenece, pues, al grupo que apoya al bloque conservador. Entonces, nada más aclararlo porque ya no estamos en los tiempos de la simulación [...] La gente pensaba que Carmen Aristegui era una periodista de vanguardia, yo me quedaba callado, pero era una especie de paladina de la libertad, y yo tengo otra opinión, porque cuando nosotros estábamos en la oposición me entrevistaba una vez cada seis meses y buscaba ponerme en entredicho, como buena periodista conservadora.

Como suele ocurrir cuando López Obrador lanza acusaciones contra un periodista, sus seguidores le hicieron segunda y replicaron, con una inusitada violencia verbal, las diatribas contra Carmen. Muchos de los que la seguían en su programa le dieron la espalda, y de las expresiones de admiración pasaron a la denostación e incluso al insulto.

La reacción colérica del presidente causó confusión, y algunos pensamos que sería un enojo pasajero. Pero su furia se renovó dos meses después, cuando el 28 de enero de 2022 Aristegui decidió publicar en su portal una nota informativa referente a "La Casa Gris", por considerarla de valor periodístico. "Exhiben cómo vive en Houston el hijo mayor de AMLO", decía el titular de la noticia.

Eso encendió al presidente, quien nuevamente lanzó señalamientos contra la periodista.

"Yo conocí a gente que veían en Carmen Aristegui al modelo de comunicación a seguir, la paladina de la libertad —dijo el 4 de febrero en Tlaxcala—. Muchísima gente así y no, no, no […] simulaba, está a favor del bloque conservador. Todos estos reportajes calumniosos, manejados por Carmen Aristegui."

Su crítica la amplió a algunos colaboradores de su noticiero: "Denise Dresser y el señor [Sergio] Aguayo, y ése es su equipo, todos en contra".

Aunque Aristegui sólo retomó elementos del reportaje de "La Casa Gris", como lo hicieron otros medios nacionales y del extranjero, el presidente le llegó a atribuir la autoría, lo cual avivó los denuestos de sus seguidores contra la periodista.

"Ahora que se generó esta polémica porque ejercí mi derecho de réplica, señalando que Carmen Aristegui mantiene, con sutileza, ¿no?, la misma máxima del hampa del periodismo de que la calumnia, cuando no mancha, tizna, en su reportaje [sobre la renta de la casa de Houston de José Ramón y su esposa] llegó a decir que era el equivalente a la Casa Blanca", expuso en la mañanera del 7 de febrero, en Palacio Nacional.

Su enojo contra Aristegui llegó a un extremo el 13 de abril. Ese día una periodista le preguntó al presidente sobre el informe del Comité Contra la Desaparición Forzada de la Organización de las Naciones Unidas (ONU), que documentó un incremento de desapariciones de niñas y adolescentes.

—Presidente, ¿qué les dice a los familiares de estos niños? Son 14 menores que desaparecen al día, dos de cada tres son mujeres —planteó la periodista Claudia Guerrero.

—Que estamos trabajando todo el tiempo para garantizar la paz —respondió López Obrador—, enfrentando a los intereses del antiguo régimen y enfrentando campañas de desprestigio como las que lleva a cabo, entre otros medios, el que conduce Carmen Aristegui, para hablar con claridad […] Y lo digo porque mucha gente fue engañada pensando de que se trataba de un medio de información profesional, objetivo, independiente, equilibrado, muchísima gente, y no, era simulación.

## Yo, "el cinicazo"

Confieso que soy un periodista formado en las redacciones de medios estatales, particularmente en el estado de Guanajuato, donde nací. Con mucho orgullo digo que tengo un origen humilde: mi madre era originaria de un poblado rural y mi padre es hijo de un minero guanajuatense, de aquellos que se sumergían durante días en las profundidades, a picar piedra. Cuando mis padres se casaron, ambos emigraron a León, donde él desempeñó una triple labor de profesor —la carrera que estudió—, de promotor de salud y de comerciante; ella siguió sus pasos en el comercio, actividad que desempeñó hasta su muerte.

Cuento esto porque en el afán de desprestigiar mi trabajo periodístico, a partir de la publicación de "La Casa Gris", el presidente López Obrador se ha referido a mí como una persona originaria de Guanajuato, en un tono despectivo, supongo que por la fama de que es un estado conservador. Uno no escoge dónde nacer y, en todo caso, nunca he negado mi origen; al contrario, me confieso orgullosamente guanajuatense, con raíces de varias generaciones en ese estado.

El presidente también ha tratado de denostarme profesionalmente por el hecho de haber trabajado en el periódico *AM* de León, en donde escalé todas las posiciones: desde auxiliar de reportero hasta llegar a ser director, durante más de una década.

"Este que hizo la supuesta investigación de la casa de José Ramón, viene de *AM*, de León, que es el equivalente al *Reforma*", dijo el presidente en la conferencia mañanera del 22 de febrero de 2022. "De Guanajuato", completó López Obrador.

"¿De dónde viene el periodista?", volvió a preguntar en la conferencia del 8 de marzo, y él mismo se respondió: "Pues de un periódico de Guanajuato, de derecha, ahí se formó".

Antes de volver a colgar la etiqueta de conservador al *AM*, quizá le sirva saber al presidente que ese periódico fue vetado, durante muchos años, por gobiernos panistas por haber evidenciado en sus páginas la intromisión de grupos secretos de ultraderecha. Y esas investigaciones fueron impulsadas por el propio dueño y director general, el señor Enrique Gómez Orozco, de pensamiento liberal, quien desde hace cuatro décadas trabaja con probada rectitud bajo la mirada profunda de Benito Juárez, pues justo detrás de su escritorio cuelga el retrato al óleo (pintado por José Chávez Morado) del oaxaqueño que tanto dice admirar AMLO, con cuyo liderazgo se consolidó la república.

Cuando me desempeñé como director editorial de *AM* de León, Gómez Orozco dio plena libertad para publicar decenas de reportajes que evidenciaron la corrupción de los gobiernos panistas, en particular el del gobernador Juan Manuel Oliva, un oscuro personaje que fue muy cercano a Felipe Calderón. Aquellas investigaciones fueron la base de mi primer libro periodístico, titulado *El saqueo*, editado por *AM*.

Fue gracias a uno de esos reportajes que coincidí por primera vez con Carmen Aristegui. Ambos viajamos en mayo de 2010 a Xalapa a recibir el Premio Nacional de Periodismo; ella lo obtuvo en el género de entrevista y yo en periodismo de investigación, junto con un equipo integrado por Shayra Albañil, Tere Quintanilla y Claudio Jorge Blanco, todos ellos en ese momento periodistas del *AM* de León.

En 2015 me volví a encontrar con Aristegui, cuando me abrió espacio en su programa de CNN para presentar mi libro *El imperio financiero de los Legionarios*, publicado por Grijalbo. Al año siguiente, por invitación de Daniel Lizárraga, me incorporé a la unidad de periodismo de MCCI, en donde uno de los temas al que me enfoqué en investigar fue el caso de Odebrecht, que involucraba a políticos del Partido Acción Nacional (PAN), del PRI y del partido Movimiento de Regeneración Nacional (Morena). Elaboré más de 60 reportajes sobre esa trama de corrupción, y ante cada nueva revelación Carmen me invitaba al estudio para conversar. Fue así como cultivamos una relación de aprecio y respeto profesional.

Por eso es que cuando publiqué el reportaje de "La Casa Gris", Aristegui tuvo la gentileza de referirse a mi trabajo periodístico como serio, profesional y de prestigio, lo cual agradezco.

Esas cordiales palabras fueron utilizadas por el presidente para referirse a mí en forma burlesca y despectiva.

"Se atrevió a decir Carmen Aristegui de que era un hombre o un periodista objetivo… de prestigio. Pues sí, en ese ámbito donde se forman tienen prestigio, porque están alineados a un bloque conservador", dijo López Obrador en la conferencia del 22 de febrero en Palacio Nacional.

Dos días después, subió el tono de sus señalamientos hacia mí, atribuyéndome palabras que yo jamás dije: "Este periodista cínico, que según Carmen Aristegui era un profesional, se atreve a decir de que no era una investigación, que era un asunto político, a reconocerlo. Pero es lo que siempre he dicho, la máxima del hampa del periodismo: la calumnia, cuando no mancha, tizna".

Según el presidente, yo dije que el reportaje de las casas en Houston tenía un móvil político, lo cual es falso. Esa interpretación la dio un articulista de *La Jornada*, no yo.

El 28 de febrero López Obrador insistió en inventarme dichos, y hasta citó textualmente palabras que nunca expresé: "Dijo el periodista estrella que hizo la investigación, porque Carmen Aristegui mencionó que era un periodista de mucho prestigio [...] Y, además, muy deshonesto, porque además cínico, cinicazo, le preguntan: 'Pero ¿no tenías pruebas?' 'No, pero era un asunto político'. O sea, tú calumnias y ya luego se ve si es cierto o no es cierto".

El lunes 7 de marzo López Obrador volvió a la carga: "¿Cómo se llama el gran periodista de investigación que hizo el reportaje?", preguntó en la mañanera. Y sin decir mi nombre, solicitó en un tono irónico: "Estoy esperando todavía que este periodista tan profesional, con tanta ética, ofrezca disculpa, y estoy esperando también que Carmen Aristegui haga lo propio, a ver si son capaces de rectificar y no caen en la autocomplacencia".

Ante cada denostación pública de AMLO desde la tribuna de Palacio Nacional, vino en automático una multiplicación de mensajes de odio de sus seguidores hacia mí y mi trabajo a través de las redes sociales. Nunca había recibido tantos insultos.

Fue entonces que comprendí a algunos colegas que han decidido callar, autocensurarse, dejar de investigar, para no exponerse a ser lapidados públicamente, primero por el presidente y luego en las redes.

Este fenómeno ya lo había advertido Aristegui en un foro de periodismo realizado a inicios de abril: "Si el presidente, con nombre y apellido, es capaz como lo hace todos los días, con un cálculo, con una decisión política de enconar, de dividir, de enfrentar y de desacreditar a la prensa, a los periodistas y a los mensajeros, pues muchos periodistas, mensajeros, dirán mejor me callo de este tema porque el presidente me va subir a la palestra o voy a salir un miércoles en el '¡Quién es quién en las mentiras!', eso desde luego causa un fenómeno que es bastante eficaz para los poderes que están tratando de que se callen los periodistas, la autocensura".[2]

## "Le muerden la mano al que les quitó el bozal"

La mañana del 3 de julio de 2019 el presidente Andrés Manuel López Obrador aprovechó su habitual conferencia de prensa mañanera para hacer una analogía entre un episodio ocurrido hace más de un siglo y su relación actual con la prensa crítica.

"En el caso de los medios, yo conozco la historia", dijo ante la pregunta de la periodista Isabel Arvide —a quien luego integraría a su equipo—, acerca de si su gobierno se alejaría de la línea de represión de los anteriores sexenios. En vez de responder, el presidente empezó a hablar como si diera una cátedra. Recordó que cuando Francisco I. Madero asumió el poder, enfrentó la crítica de la prensa. "Cuando cae el porfiriato y triunfa la revolución maderista, la prensa que estaba al servicio del régimen se desata. Y eran tantos los ataques contra el entonces presidente Madero que un día su hermano Gustavo acuñó una frase: 'Le muerden la mano al que les quitó el bozal'."

---

[2] Palabras pronunciadas el 1º de abril de 2022 por Aristegui en el Festival de Arte y Periodismo "Contra el Olvido", en un diálogo moderado por el periodista Carlos Manuel Juárez, del medio digital Elefante Blanco.

López Obrador cortó su remembranza para hacer una analogía con lo que le ocurre a él cuando es blanco de críticas: "Todo esto hay que recordarlo para que todos actuemos con responsabilidad". Se respeta la crítica y el derecho a disentir, aseguró en aquella mañanera. Pero de inmediato acotó: "Nada más que no se me enojen cuando yo utilizo el derecho de réplica".

Este constante discurso del presidente de decir "respeto la crítica", pero te voy a responder, es una permanente contradicción. "Nadie va a ser perseguido, censurado, limitado en sus manifestaciones", dijo en la misma conferencia. Aunque con apenas unos segundos de diferencia arremetió públicamente contra el diario *Reforma* por criticar la discrecionalidad que le otorgó el Congreso para manejar una partida especial, a semejanza de lo que hacía el expresidente Carlos Salinas de Gortari con la llamada "partida secreta".

"¡Espérate, eso sí calienta! —dijo colérico López Obrador a la reportera de *Reforma*—. No soy Salinas, vámonos respetando."

Este tipo de confrontaciones con sus críticos han sido cotidianas desde el inicio de su gobierno. Para referirse a ellos, utilizó el término *fifí*.

"Existe una prensa fifí, no es una invención, son los que no están de acuerdo con nosotros, son nuestros adversarios", expresó el 25 de marzo de 2019. Y ese día sacó a relucir su discurso contradictorio de "yo respeto", pero "te descalifico", cuando dijo: "Siempre vamos a ser respetuosos de los medios de información y siempre vamos a respetar a la prensa fifí".

¿Respetar con insultos, con descalificaciones? Es un contrasentido.

Al día siguiente, el presidente reforzó su ataque contra lo que llama la prensa fifí y, peor aún, refirió que son herederos de aquellos grupos políticos que hace más de un siglo confabularon contra el maderismo.

"Los fifís fueron los que quemaron la casa de los Madero, los fifís fueron los que hicieron una celebración en las calles cuando asesinaron atrozmente a Gustavo Madero, cuando los militares lo sacrificaron, que es una de las cosas más horrendas y vergonzosas que ha pasado en la historia de nuestro país, salieron los fifís a las calles a celebrarlo y había toda una prensa que apoyaba esas posturas."

"¿Qué son, al final, los fifís? —se preguntó a sí mismo López Obrador, y él mismo se respondió—: Son fantoches, conservadores, sabelotodo, hipócritas, doble cara."

Su argumento para confrontar a la prensa crítica es que él, a diferencia de sus antecesores, sí tiene autoridad moral. "Antes como no tenía autoridad moral el gobernante, cualquier periodista lo ninguneaba y no podía responder porque le sacaban sus asuntitos."

Su confrontación la llevó a un extremo el 27 de abril de 2019, cuando equiparó a la prensa crítica con delincuentes. El enojo de López Obrador fue porque *Reforma* y otros medios cuestionaron el silencio de la Presidencia de la República ante la masacre de 14 personas ocurrida durante una fiesta de cumpleaños, en la ciudad de Minatitlán, Veracruz.

"Nuestros adversarios, la prensa fifí y la prensa que está acostumbrada a vender su libertad, quieren aprovechar hasta estas desgracias para culparnos, como si nosotros en estos meses hubiésemos alentado la creación de las bandas —dijo furioso López Obrador—. Pero es toda una estrategia que tienen para buscar afectarnos, es una máxima del periodismo, del hampa del periodismo, según la cual, la calumnia cuando no mancha, tizna."

Al mes siguiente, en la conferencia mañanera del 23 de mayo de 2019, el presidente insistió en llamar "hampa" a los periodistas críticos, lo cual equivale a decirles criminales.

Sus descalificaciones contra periodistas y medios que lo incomodan las ha replicado cada vez con mayor intensidad a lo largo de su gobierno. En vez de contenerse, sus señalamientos subieron de tono a partir de la publicación del reportaje de "La Casa Gris".

Para la organización Artículo 19, dedicada a defender la libertad de expresión, los encendidos discursos de López Obrador "pueden ser interpretados por funcionarios públicos o por sectores de la sociedad como instrucciones, instigaciones o de cualquier forma autorizaciones o apoyos, para la comisión de actos que pongan en riesgo o vulneren la vida, seguridad personal u otros derechos de los periodistas". De hecho, cada vez que ataca a un periodista, esos ataques saltan de la tribuna presidencial a las redes sociales, en donde el periodista señalado es vapuleado por los seguidores de AMLO, por haberse incomodado a su líder. El peligro es que esas agresiones verbales salten a la agresión física.

Esto es particularmente grave, si se toma en cuenta que México es el país más peligroso para ejercer el periodismo, con 153 periodistas asesinados de 2000 a marzo de 2022, de los cuales 33 crímenes han ocurrido en el actual gobierno de López Obrador.[3] La impunidad es un aliciente para que los agresores puedan actuar, porque hay una alta posibilidad de que sus acciones queden sin castigo.

## UNA HISTÓRICA CONFRONTACIÓN

La confrontación de López Obrador con la prensa crítica no es reciente. Por más que los periodistas decepcionados que votaron por él

---

[3] "Periodistas asesinados en México, en relación con su labor informativa", reporte de Artículo 19, con cifras actualizadas hasta el 31 de marzo de 2022.

repitan la frase "no podía saberse". Que nadie se diga engañado. De sus constantes choques con sectores del periodismo ha quedado constancia en su cuenta de Twitter, la cual creó en 2009. En su etapa inicial como tuitero, mantenía una abierta confrontación con algunos de los más importantes medios. La excepción era el periódico *La Jornada*, que siempre ha sido afín a su proyecto político.

Entre el 16 de octubre de 2009 —cuando debutó en Twitter— y el 24 de diciembre del mismo año compartió 28 mensajes alusivos a los medios de comunicación y 22 de ellos (equivalentes al 80%) tenían un sentido negativo.[4]

"La oligarquía es dueña de la TV y, obviamente, decide qué informa y qué no; sus voceros gritan como pregoneros o callan como momias", escribió el 21 de diciembre de 2009.

En forma despectiva se refería a los concesionarios de radio y televisión como "achichincles de la mafia". Y sin recato, ponía nombre y apellido a los destinatarios de sus señalamientos: "Francisco González, dueño de *Milenio*, pertenece a la mafia del poder y quiere destruirme políticamente", escribió el 28 de octubre de aquel año.

Desde entonces mantenía una confrontación con Loret, a quien el 6 de diciembre de 2009 le dirigió el siguiente mensaje: "Carlos Loret: en México por el predominio de la mafia del poder reina la impunidad. Salinas y Emilio te protegen". En otro tuit escribió: "Carlos Loret es un vulgar calumniador". El discurso era reiterativo: se refería a los medios como voceros de la mafia del poder, a cuyos intereses económicos estaban sometidos.

"Es inaceptable que unos cuantos posean el control de la TV y la radio, y administren la ignorancia en el país en función de sus

---

4 Recuento realizado por el autor de este libro.

intereses", anotó el 21 de diciembre, en uno de sus últimos tuits de aquel 2009, año en que debutó como tuitero.

Durante todo el año siguiente López Obrador mantuvo la misma postura de confrontación. Desde su primer mensaje en enero de 2010: "Los responsables de la tragedia nacional son intocables porque también poseen el control de la TV, la radio y de la mayoría de los periódicos". Hasta el último difundido en diciembre del mismo año: "La oligarquía subordina a las instituciones, posee y controla a los medios de comunicación".

Los señalamientos contra la prensa se agudizaron después de la elección del 1° de julio de 2012, la cual perdió ante Peña Nieto. "Para saber quién es quién en los medios de comunicación basta con analizar el trato que le dan a Salinas, jefe de la mafia del poder", escribió el 24 de octubre de 2012. Y en ese afán de confrontación, aportó nombres de medios que según su diagnóstico estaban sometidos: "Casi todos los medios de comunicación están controlados por la mafia del poder que comanda Salinas: Televisa, *Milenio, Universal*". Y para demostrar su dicho, aportaba datos: "En el caso de *Milenio*, en su columna Trascendió en todo el año hubo sólo 6 menciones a Salinas y ninguna crítica". En mayo de 2013, aventuró —sin dar nombres— que en todo el país sólo había cinco espacios libres, no controlados por "los mandones de México": tres en prensa y dos en radio, que juntos apenas lograban una cobertura del 0.5% de la población.

López Obrador sostenía que el triunfo de Peña Nieto había sido gracias a la confabulación de los medios con una mafia que controlaba el país.

"El grupo que domina impuso a EPN con el apoyo de los medios", escribió en mayo de 2013. "Si estás muy expuesto a la radio y a la TV, procura no contagiarte de la histeria fascistoide que promueve la banda de malhechores de EPN", anotó en agosto. Pero el señalamiento más duro lo hizo en octubre de aquel año: "Lo único que sostiene a este régimen corrupto es el control, casi absoluto, de los medios de comunicación. Ojo: es Hitler a la mexicana".

La palabra corrupción rara vez aparecía en sus mensajes, en su primera etapa de tuitero. Pero a partir de 2014, cuando estalló el escándalo de "La Casa Blanca" de Peña Nieto, el combate de la corrupción se convirtió en su estandarte.

También a partir de ese año, López Obrador inició una relación de amor y odio con *Reforma*. Por un lado, despotricaba contra el periódico y sus columnistas, por las críticas que hacían a su proyecto político. Pero luego se congraciaba con el mismo diario, cuando difundía encuestas que lo perfilaban a él o a su partido con ventaja para futuras elecciones. "El caricaturista Calderón del periódico *Reforma*, adorador de Fox y otros derechistas, dice que creamos Morena por dinero. Vil calumniador", escribió el 10 de julio. A la semana siguiente tronó contra otro colaborador del mismo diario: "Jaime Sánchez Susarrey se lanza con vulgaridad a calumniarme. Así son los voceros del régimen, deshonestos, no argumentan, insultan". Pero apenas *Reforma* publicaba estudios de opinión favorables a él o a su partido o investigaciones que evidenciaban corrupción de Peña Nieto, su actitud se modificaba radicalmente y reconocía la imparcialidad del periódico.

Es en esta etapa cuando acuñó la frase "encuesta cuchareada" para descalificar aquellos estudios de opinión que no lo favorecían o que le daban un margen de ventaja mínimo a él o a su grupo político.

"La encuesta cuchareada del *Reforma* me hizo recordar al periódico de don Porfirio, *El Imparcial*, que siempre estaba en contra de opositores", criticó en agosto de 2016.

La crítica generalizada a los medios seguía vigente. "En México no hay democracia porque la mafia controla los medios, pero algo se escapa", expresó el 24 de abril de 2015 al compartir una entrevista que le hizo el periodista de Univision Jorge Ramos, al que años después —ya como presidente— también descalificaría. "Los de la mafia del poder controlan en lo absoluto a los medios convencionales de información y ahora pretenden censurar las redes sociales", anotó en octubre de ese año.

En esta etapa volvió a señalar por su nombre a sus críticos: a Pablo Hiriart, en ese entonces director de *La Razón*, lo llamó "achichincle de Salinas"; a Enrique Krauze, director de *Letras Libres*, lo acusó de defender "al régimen corrupto y antidemocrático" y a Olegario Vázquez Raña y a su hijo, dueños de *Excélsior* y de Grupo Imagen, los llamó "la encarnación de la corrupción". A *El Universal* lo acusó de defender a las petroleras extranjeras, de haber ocultado a los muertos del 68 y de seguir "de gacetilleros del régimen", mientras que a *El Financiero* lo calificó como "un instrumento de Salinas y Calderón".

Los mensajes negativos contra los medios dominaron entre 2009 y 2016. En promedio, ocho de cada 10 tuits en ese periodo tenían un enfoque adverso. Pero a partir de 2017 la postura de AMLO se suavizó. Los ataques continuaron, pero en forma esporádica y enfocados sólo a algunos integrantes de la prensa, ya no a la generalidad. En 2017 menos de la mitad de los mensajes eran negativos, y para 2018 el porcentaje se redujo a casi una tercera parte.

Este viraje en el tono agresivo de los mensajes de López Obrador contra los medios se dio a partir de que las encuestas empezaron a darle notable ventaja en las preferencias electorales. Había suavizado su trato con los periodistas con la expectativa de que, ahora sí, la tercera era la vencida, y que se enfilaba a ganar la elección presidencial. Ante ese escenario, para qué pelear.

## La conversión del enemigo: de Televisa a Reforma

El principal medio al que históricamente había atacado López Obrador era Televisa. Pero a partir de 2017 los señalamientos cesaron abruptamente. En 2017 y 2018 hubo sólo dos tuits negativos contra la televisora (uno por año). Y el cambio en su postura ocurrió en mayo de 2018, cuando el entonces candidato presidencial elogió a Televisa por su apertura. "Ayer en Televisa fueron críticos, pero me dejaron hablar", escribió el día 4 de ese mes, tras una entrevista con los principales conductores del Canal 2.

Ya instalado en la Presidencia, la relación con Televisa ha sido cordial, al punto de que su presidente, Emilio Azcárraga, acudió el 1º de julio de 2019 a la celebración en el Zócalo del primer aniversario de la elección de López Obrador y, más reciente, en marzo de 2022 a la inauguración del Aeropuerto Internacional Felipe Ángeles.

*Reforma* sustituyó a Televisa como el principal blanco de los ataques de López Obrador. De hecho, a partir de 2015 ese periódico ha sido el medio de comunicación más citado en sus tuits. El 63% de los mensajes han sido con comentarios negativos al diario.

Entre 2017 y 2018 se agudizó la confrontación con ese medio, por su cobertura crítica y por los continuos señalamientos que hacían sus articulistas al proyecto político de AMLO.

En agosto de 2017 se dio uno de los ataques más duros contra el diario a través de Twitter, al grado de compararlo con la labor propagandística que realizaba el ideólogo de los nazis, Joseph Goebbels. "Los del *Reforma* parecen alumnos de Goebbels, quien decía: una mentira que se repite muchas veces puede convertirse en verdad. ¿Y la ética?", escribió el 24 de ese mes. Cinco días después le endilgó una serie de calificativos: prensa fifí, alquilada, deshonesta y conservadora. Aquélla fue la primera vez que utilizó el apelativo de fifí.

En plena campaña electoral de 2018 López Obrador arremetió con algunos de los más prestigiados colaboradores de *Reforma*.

"Ayer en una caricatura del *Reforma*, dibujaron a Vargas Llosa jovial y a mí chocheando. Me acordé que Clemente Orozco pintaba a Díaz como gigante y a Madero como pigmeo", escribió el 3 de marzo de 2018, sobre el trabajo del dibujante Paco Calderón. A Enrique Krauze y a Jesús Silva-Herzog Márquez los llamó conservadores que simulan apariencia de liberales, por haberlo criticado.

Las diatribas contra *Reforma* las ha trasladado a sus conferencias mañaneras. El 8 de febrero de 2021 se ensañó con ese diario, al dedicarle varios minutos para hacerle señalamientos. "Desde que inició la pandemia estamos padeciendo a todos estos medios de comunicación que están al servicio de grupos de intereses creados, estamos padeciendo al *Reforma*." Ese día lanzó al aire la pregunta: ¿por qué ese periódico está en contra de la transformación? Y él mismo se respondió: "Porque ese periódico siempre apoyó a Salinas de Gortari cuando se llevó a cabo la entrega de bienes nacionales a particulares, ese periódico siempre guardó silencio cuando no les cobraban impuestos a los de arriba, porque esos que no pagaban impuestos, todos ellos o la mayoría —estamos hablando de grandes empresas y de bancos—, eran los que sostenían y siguen sosteniendo con publicidad al *Reforma*".

Ya antes, a mediados de abril de 2019, había dedicado gran parte de la mañanera para acusar a *Reforma* de defender a Salinas y a gobiernos neoliberales. *Reforma* respondió la acusación con un video en donde mostró la amplia cobertura que ese diario ha realizado sobre la corrupción y abusos cometidos por Salinas y su familia. Exhibió con información las mentiras de AMLO.

*Reforma* ha dado amplio seguimiento a la investigación de "La Casa Gris". La periodista Peniley Ramírez documentó más contratos asignados a Baker Hughes y evidenció el turbio procedimiento para la ocupación del inmueble en Houston; algunos de los cartones políticos más críticos fueron realizados por el caricaturista Calderón y prácticamente todos sus articulistas han realizado análisis del caso.

Esto obviamente disgustó al presidente, que incluyó a *Reforma* en su invectiva. El 4 de marzo de 2022 validó la veracidad de una noticia, acerca de que Baker Hughes tenía contratos en Dos Bocas, pero aun así se lanzó con acusaciones contra el periódico, con una interpretación que él mismo le dio a la información: "El *Reforma*, este pasquín del conservadurismo, panfleto, queriendo decir que los contratos de Dos Bocas o por los contratos de Dos Bocas que suponen yo ordené que se le entregara a la empresa [...] por esos contratos le rentaron la casa a José Ramón. Pero así de obvio y de malintencionado, de perverso, porque así son los del *Reforma*".

Las diatribas subieron de tono luego de que *Reforma* publicó una investigación de MCCI acerca de que el gobierno de López Obrador había ampliado concesiones de playa a Grupo Vidanta, propiedad de la familia que tramitó la visa y dio trabajo en Texas al hijo mayor del presidente.

"Nunca he hablado de la familia Junco, he hablado de los dueños, de Alejandro Junco, pero no de la familia —advirtió el 17 de febrero de 2022 en una gira por Tijuana—. Pero ellos se meten con todo, no hay limitaciones, porque es mafia-mafia, y peor que las mafias, porque las mafias tienen ciertas reglas o al menos antes se respetaba a la familia y se iba sobre el que estaba metido en la mafia, no con los hijos, no con la familia, y máxime si no hay elementos."

Y aunque reconoció no haber leído el reportaje, desacreditó su contenido: "Las ocho columnas tienen que ver con el hecho de que Daniel Chávez, que se dedica al turismo, y sus hijos tienen una empresa en Estados Unidos y fueron los que invitaron a mi hijo José Ramón a trabajar. Ahora el *Reforma*, fíjense la cabeza, el titular: 'Amplía

4T concesiones de playas a Vidanta', que es la empresa turística. Esto es de lo más sucio, porque ¿qué tiene que ver una cosa con la otra?"

De manera inusual, lanzó un "¡ya basta!", en tono enérgico, y a continuación lanzó una serie de señalamientos. "Son de lo peor los conservadores, corruptos, deshonestos, que son dos cosas distintas corrupción y deshonestidad, y además hipócritas." *Reforma* calificó las palabras del presidente como una amenaza contra el diario.

Un día después, ahora desde Ciudad Juárez, López Obrador respondió a *Reforma* con más injurias: "Es un pasquín inmundo, abominable del conservadurismo más nefasto y corrupto".

## Descalifica a *Nexos*... y Beatriz fue su colaboradora

El presidente también ha descalificado continuamente al escritor Héctor Aguilar Camín y a su revista *Nexos*, así como al historiador Enrique Krauze, fundador de *Letras Libres*. A ambos los califica como los intelectuales de los conservadores que son opositores a su gobierno.

"Tenían el control de toda la intelectualidad —afirmó AMLO en la mañanera del 8 de septiembre de 2021—. Para poder recibir una beca, un apoyo, se tenía que estar bien con los dos jefes de jefes: Aguilar Camín o Enrique Krauze. Y de ahí dependían todos, como la intelectualidad en el porfiriato, aunque era de mejor nivel aquélla."

El 11 de agosto de 2021 volvió a arremeter contra ambos intelectuales desde su tribuna en Palacio Nacional: "Está enojado Aguilar Camín y está enojado Krauze porque también eran los predilectos de los gobiernos anteriores, recibían muchísimo dinero para sus publicaciones; entonces ya no reciben y ahora pues nos echan la culpa de todo". En esa conferencia acusó que ambos habían "monopolizado todo lo relacionado con la intelectualidad, con la llamada república de las letras".

López Obrador ha denostado la labor de *Nexos*, pero omite mencionar que su esposa Beatriz Gutiérrez Müeller alguna vez colaboró en esa revista. De hecho, aspiraba a publicar en sus páginas cuando buscaba convertirse en escritora, y fue gracias a la gente de *Nexos* que ella conoció a AMLO, según relató el periodista Manuel Durán en un amplio reportaje publicado en *Reforma* en mayo de 2005:

> Aunque Beatriz Gutiérrez Müeller llegó al DF con la idea de escribir, acabó en el servicio público. Para iniciar su gobierno el 5 de diciembre del 2000, Andrés Manuel López Obrador comenzó a buscar a una persona que manejara el enlace con los medios de comunicación y fue entonces cuando surgió el nombre de Beatriz, quien fue recomendada por sus compañeros de *Nexos*. "Llega a la Ciudad y conoce a (José María) Pérez Gay. Estando aquí con Ángeles Mastretta, es cuando López Obrador dice que necesita a alguien que pueda enlazar medios y que maneje relaciones públicas. Ángeles (Mastretta) se la presenta al Peje, pues le recomienda que contrate alguien con presencia, que no sólo sea inteligente, sino que sea alguien con porte para este trabajo", recuerda una amiga de Gutiérrez entrevistada por *Reforma*. Fue entonces cuando recibió la invitación para incorporarse al gobierno capitalino como Directora de Difusión con un sueldo de 55 mil pesos mensuales.[5]

El nombre de Beatriz Gutiérrez Müller aparece en el número 263 de la revista *Nexos*, correspondiente a noviembre de 1999, como

---

[5] "Va de colaboradora a novia de AMLO", reportaje de Manuel Durán publicado el 28 de mayo de 2005 en *Reforma*.

autora de la crónica "Retrato de la Sierra con desastre", en la que relató la tragedia ocurrida aquel año en la zona serrana de Puebla por las intensas lluvias. El periodista poblano Sergio Mastretta, con quien en ese entonces colaboraba Beatriz, la recomendó con su hermana Ángeles Mastretta, integrante del consejo de *Nexos* y esposa de Aguilar Camín.

## El apapacho a *La Jornada*

En contraste con el tono agresivo que en distintos momentos ha expresado contra la mayoría de los medios, López Obrador ha dado un trato privilegiado a *La Jornada*, cuyos directivos comparten su proyecto político.

"*La Jornada*, el más importante periódico de nuestro tiempo, de los mejores del mundo —escribió el 19 de septiembre de 2014, a propósito de su 30 aniversario—. Es un diario indispensable para el movimiento social y democrático de México", apuntó en junio de 2016, en medio de una crisis económica que obligó a parar rotativas.

Más recientemente, en marzo de 2022, López Obrador exaltó a *La Jornada* como un medio vinculado a su gobierno, que ha servido para difundir documentos proporcionados por José Ramón y Carolyn para deslindarse del conflicto de interés en "La Casa Gris".

"*La Jornada*, pues sin duda muy vinculada a nosotros, porque *La Jornada* es un periódico vinculado al pueblo, sobre todo al pueblo raso, es un periódico que defiende causas populares y es un periódico no empresarial, es un periódico de periodistas, y esto hace la diferencia", dijo el 21 de marzo, en el discurso inaugural del aeropuerto Felipe Ángeles.

Otro medio con el que López Obrador ha tenido amplias consideraciones es TV Azteca. Nunca, desde que en 2009 debutó como tuitero, ha dedicado una sola línea para criticar a esa televisora. Tampoco la ha descalificado desde la mañanera. Al contrario, al presidente de Grupo Salinas, Ricardo Salinas Pliego, lo integró como parte de su consejo asesor empresarial.

Las diferencias con Televisa también se han diluido, y Azcárraga ha estado presente en distintas actividades presidenciales como invitado.

Las consideraciones hacia esos tres medios se manifiestan en que juntos han acaparado una tercera parte del gasto del gobierno federal en publicidad oficial.

López Obrador ha recompensado la lealtad de *La Jornada* a su proyecto político con un incremento constante en asignaciones presupuestales. En 2019 ese periódico estaba en el tercer sitio del reparto publicitario a medios, en 2020 subió al segundo y en 2021 se colocó en el primer lugar, con 181.5 millones de pesos,[6] equivalentes al 13.7% del total. De un año a otro, los recursos federales a *La Jornada* se incrementaron 32 por ciento.[7]

El periódico progobiernista tiene como directora a Carmen Lira, quien —según la periodista Anabel Hernández— es madrina de Andrés López Beltrán, Andy,[8] y, por lo tanto, es comadre del presidente.

López Obrador se refirió a su comadre el 15 de febrero de 2022 cuando, en medio de la polémica por "La Casa Gris", lloró durante la conferencia mañanera; le agradeció porque 15 años antes le ayudó a buscar a sus hijos cuando él tenía una orden de aprehensión por encabezar el movimiento en defensa del petróleo.

---

[6] *La negación*, informe 2021 sobre libertad de expresión, elaborado por la organización Artículo 19, capítulo México.

[7] Comparativo realizado por el autor entre los informes 2020 y 2021 de Artículo 19.

[8] "Los compadres de AMLO", columna de Anabel Hernández publicada el 1º de marzo de 2022 en el sitio en español de la cadena alemana Deutsche Welle.

## Su aspiración: tener una prensa militante

En la mañanera del 22 de julio de 2019 López Obrador compartió en Palacio Nacional un insólito exhorto: que la prensa tome partido a favor de su proyecto político; que el periodismo se vuelva militante de su causa.

No se trató de un desliz. El exhorto fue directo, poniendo como ejemplo a periodistas del pasado, como Francisco Zarco, quien fue el portavoz de la Reforma hace 160 años, o los hermanos Flores Magón, precursores de la Revolución mexicana de 1910 y opositores a la dictadura de Porfirio Díaz.

Esos periodistas, dijo López Obrador, tomaron partido por las transformaciones en la época de la Reforma y en la Revolución. Y su ejemplo —bajo la visión del presidente— se debería replicar en la actualidad, con un periodismo militante, en apoyo a lo que él llama la Cuarta Transformación.

Para el mandatario mexicano, la prensa que cuestiona su proyecto político es reaccionaria, conservadora, opositora a las transformaciones y, por tanto, enemiga del pueblo que lo eligió.

La etiqueta de prensa conservadora se la ha colgado sobre todo al periódico *Reforma*, el más crítico de su gobierno, que desde su nacimiento en noviembre de 1993 ha mantenido una línea editorial independiente, ajena al oficialismo que históricamente ha caracterizado al periodismo mexicano.

Pero aquella mañana del 22 de julio López Obrador dirigió sus señalamientos a otro medio independiente: la revista *Proceso*, que durante más de cuatro décadas ha sido permanente crítico del poder político.

Nacida en 1976, tras un golpe orquestado desde la Presidencia de la República para expulsar de la dirección del diario *Excélsior* a

Julio Scherer, la revista fue uno de los pocos medios en abrir en aquella época sus páginas a la oposición, con lo que contribuyó al fortalecimiento de la democracia. Pero, sobre todo, se volvió vigilante de los gobernantes. Denunció la represión de Echeverría, la corrupción desbordante de López Portillo, la ineptitud de Miguel de la Madrid, la perversidad de Salinas de Gortari, la descomposición política en la época de Zedillo, el tráfico de influencias de Fox y su familia, la violencia desbordada en el sexenio de Calderón y el saqueo a la nación en los días de Peña Nieto.

Por eso a nadie debería extrañar que desde inicio del sexenio de López Obrador la revista haya dedicado múltiples reportajes y entrevistas para revisar la actuación del gobernante. Los titulares de sus portadas dan constancia de la actitud crítica que *Proceso* ha mantenido frente al poder: "Acuerdo migratorio: 45 días complaciendo a Trump", "Al borde del caos administrativo", "Economía. Negro panorama", "El aliado siniestro de AMLO", "Violencia desbordada", "La tentación autoritaria", "AMLO traiciona su lema 'Primero los pobres'".

López Obrador esperaba tener en *Proceso* un medio aliado. Pero los títulos de sus coberturas periodísticas muestran que la revista ha mantenido firme su posición independiente y crítica. Por eso el reclamo realizado por AMLO en la conferencia mañanera del 22 de julio de 2019, que derivó en un exhorto para que los medios apoyen su proyecto político "de transformación".

"La revista *Proceso* no se portó bien con nosotros", le dijo aquel día AMLO al reportero Arturo Rodríguez.

—No es papel de los medios portarse bien con alguien, presidente —le respondió el reportero.

—No, pero estamos buscando la transformación y todos los buenos periodistas de la historia siempre han apostado a las transformaciones —reviró el mandatario.

—Los periodistas militantes sí, presidente.

—Es una visión distinta, sí, pero Zarco estuvo en las filas del movimiento liberal.

—Son 150 años de distancia.

—Los periodistas mejores que ha habido en la historia de México, los de la República restaurada, todos, tomaron partido. Y es que es muy cómodo decir: "Yo soy independiente o el periodismo no tiene por qué tomar partido, o apostar a la transformación". Entonces, es nada más analizar la realidad, criticar la realidad, pero no transformarla.

—No. Es informar.

—Sí, pero a veces ni eso, es editorializar para afectar las transformaciones.

—Editorializar es también tomar partido, presidente.

—Sí, pero para el conservadurismo…

—O sea, usted pide que editorialicen nada más a favor de usted…

—… Para conservar, no para transformar. O sea, que es lo que se ha hecho en el caso de *Proceso*, mucho en ese sentido. Por eso lo leo poco ya, desde que falleció don Julio Scherer, al que admiraba mucho.

Una semana después, en una gira por Veracruz, López Obrador refrendó su crítica a *Proceso* y su postura de que la prensa que no contribuya a la llamada Cuarta Transformación es conservadora:

Ni un paso atrás, aunque vengan recomendaciones de la ONU [Organización de las Naciones Unidas] para que no digamos que *Proceso* es una revista conservadora, vamos a seguirlo diciendo. El que no contribuya a la transformación de México, el que está a favor del inmovilismo, de mantener el *statu quo*, es conservador, se dedique a la política o se dedique al periodismo.

Según el historiador Enrique Krauze —a quien AMLO con frecuencia descalifica—, las referencias históricas del presidente están equivocadas, pues la más superficial ojeada a la prensa de la época de la Reforma muestra que jamás existió un apoyo incondicional a los gobiernos sucesivos de Benito Juárez y Sebastián Lerdo de Tejada. "Los gobernantes liberales respetaban a la prensa crítica, no la fustigaban […] La prensa de la República Restaurada no 'se portaba bien' con el poder. Ésa era su misión y también su gloria."[9]

El historiador recuerda que cinco días antes de la entrada triunfal de Juárez a la ciudad de México, en julio de 1867, tras cuatro años de ausencia provocada por la intervención francesa y el Segundo Imperio, el legendario periódico *La Orquesta* publicó el siguiente editorial: "Libres. Independientes. Sin odio y sin temor, queremos cumplir con nuestra conciencia y ofrecer a los vencedores una corona adornada con las espinas de la verdad y no con las flores de la adulación".

El diario tenía como su jefe de redacción al escritor Vicente Riva Palacio, quien era colaborador juarista. Eso no implicaba que le debiera obediencia absoluta ni subordinación al presidente, como ahora pide López Obrador.

Los señalamientos contra *Proceso* no han parado a lo largo del sexenio. "No, ni cuando vivía don Julio Scherer, que lo quiero mucho, lo sigo queriendo, pero en *Proceso* tenían una línea editorial que no era afín a la nuestra", dijo el presidente en noviembre de 2021, tras la publicación del reportaje que abordaba el negocio del cacao y chocolate de sus hijos. "Nada más recuerdo que estábamos en plena guerra sucia, nos estaban bombardeando en vísperas de las elecciones del 2006 y la

---

[9] "La prensa frente a Juárez", artículo de Enrique Krauze publicado el 29 de julio de 2019 en *Letras Libres*.

portada de *Proceso* fue en contra mía. La recuerdo bien porque es parecida a la campaña de ahora, que soy autócrata, autoritario, dictador."

El 23 de marzo de 2022 el presidente volvió a insistir en su idea de una prensa militante a favor de su proyecto político. "En el caso de *Proceso* su planteamiento, que es respetable, es decir: 'Somos periodistas'. Yo no acepto ese periodismo, no lo acepto, ¿por qué?, porque no tiene compromiso, porque no es nada más estar administrando el conflicto, viviendo del conflicto y no buscando transformar el conflicto."

López Obrador aspira a contar con una prensa que respalde su proyecto político. Y esto va en contra del espíritu del periodismo independiente, que en las democracias modernas tiene una función de contrapeso del poder. Los periodistas estamos al servicio de la sociedad, y nunca de los gobernantes.

## "LAS BENDITAS" REDES SOCIALES LO EXALTAN... Y JUEGAN EN SU CONTRA

Cuando fue opositor, Andrés Manuel López Obrador identificó a las redes sociales como un medio para difundir su proyecto político, conquistar simpatías, conectarse con sus seguidores y eludir la censura y el bloqueo informativo de los medios tradicionales. Fueron precisamente lo que él llama "las benditas redes sociales" la plataforma a través de la cual mantuvo comunicación directa con sus simpatizantes.

En particular, a AMLO le gusta utilizar Twitter, red en la que ha tenido actividad desde octubre de 2009 a través de la cuenta @lopezobrador_, en la que acumula más de seis mil tuits o mensajes y 8 millones 682 mil seguidores (cifra con corte al 15 de abril de 2022). Si hay algo que lo enfurece es que su principal adversario, Carlos Loret, tenga más *followers* que él: 9 millones 116 mil.

"Las redes sociales son un fenómeno de la comunicación alternativa", escribió el 1º de junio de 2012 en su cuenta de Twitter, en un mensaje en el que enfatizó la importancia que para él representaban los medios digitales en su actividad proselitista. Aquel año convocó a sus seguidores a utilizar internet para denunciar cualquier irregularidad en la elección presidencial. Pese a su derrota en aquella contienda ante Enrique Peña Nieto, candidato de la alianza PRI-PVEM-Panal, López Obrador reforzó su estrategia digital.

"Sí se puede brincar el cerco informativo con las redes sociales", compartió el 2 de junio de 2014 en un tuit. Aquel año emprendió una cruzada para evitar que las autoridades impusieran regulaciones. "Sería el colmo que censuraran el internet ¿Qué acaso no les basta el control omnímodo que ejercen sobre los medios comunes de información?", escribió en otro mensaje. Su activismo por unas redes sin restricciones continuó el año siguiente. "Los de la mafia del poder controlan en lo absoluto a los medios convencionales de información y ahora pretenden censurar las redes sociales", expresó en su cuenta de Twitter el 31 de octubre de 2015.

En la campaña electoral de 2018 López Obrador utilizó las redes sociales para transmitir su mensaje político, el cual reforzó con videos para hablar directamente a sus seguidores. Y ya instalado en la presidencia de la República, ha mantenido vigente la preeminencia de comunicarse a través de esas plataformas.

Por ello, no es gratuito que López Obrador haya dado un trato privilegiado a los llamados *youtubers*, un grupo de operadores de redes sociales que lo han venido siguiendo desde su campaña y que ahora son protagonistas en las mañaneras para difundir en vivo su discurso y para contrarrestar —mediante denostaciones e insultos— a los periodistas que él llama opositores.

Algunos de estos *youtubers* oficialistas operan como comparsas del presidente, a quien hacen preguntas cómodas o intrascendentes —que muchos suponen son sembradas— para desviar la atención de temas verdaderamente importantes.

De hecho, las ruedas de prensa matutinas son una estrategia complementaria al manejo de las redes sociales. La difusión en directo del mensaje del presidente le permite tomar el control de la agenda informativa. Sus dichos se transmiten en vivo, de manera que no es necesario recurrir a los medios de comunicación tradicionales para difundir la información que desea dar a conocer o posicionar entre la sociedad.

López Obrador decidió romper los modelos tradicionales y hablar directamente a sus seguidores a través de las transmisiones de las mañaneras y de sus tuits. La palabra del presidente imponía la agenda diaria. Esto fue así hasta que surgió "La Casa Gris". Por primera vez perdió el control de la agenda.

¿Quién lo diría? Las benditas redes sociales, que AMLO acostumbraba exaltar, jugaron esta vez en su contra.

Cuando a mediados de febrero López Obrador recibió reportes de que el tema de la casona de Houston se había mantenido durante varios días consecutivos como tendencia en Twitter, lo atribuyó a que sus adversarios habían pagado granjas de bots. Pero la realidad es que las imágenes del caso se habían vuelto virales desde la noche del 27 de enero, cuando se dio a conocer la investigación. Tan sólo a partir de esa fecha y hasta el 31 de enero al mediodía, "49 millones de personas habían sido alcanzadas por algunos de los *trending topics*" del caso, según la herramienta de medición digital Xpectrus.[10] Y el

---

[10] "Casa en Houston polariza redes sociales", artículo de Javier Tejado Dondé publicado el 1º de febrero de 2022 en *El Universal*.

alcance se multiplicó en las siguientes semanas. Los videos y las fotografías de la residencia con la enorme alberca alargada circulaban masivamente. Muy pronto, "La Casa Gris" estaba en boca de la mayoría de los mexicanos, como mostraron diversas encuestas, entre ellas la de la organización México Elige, que a inicios de marzo consultó a más de 10 mil usuarios de Facebook y 94% dijo estar enterado del reportaje de la casa de Houston de José Ramón López Beltrán. Ese altísimo porcentaje sólo puede explicarse por el alcance masivo de las redes.

En la misma encuesta, seis de cada diez personas consideraron que el hijo del presidente había incurrido en tráfico de influencias y conflicto de interés al haber ocupado la casa de un alto ejecutivo de una empresa contratista del gobierno.

Otros estudios de opinión, como el de Mitofsky, apuntaron que 56.3% de los mexicanos consideraba necesario investigar a José Ramón.[11] Una encuesta de *El Financiero* reveló que la mitad de la población consideraba que la imagen del presidente había resultado dañada por el episodio que tuvo como protagonista a su hijo.[12]

La investigación de "La Casa Gris" había sacudido, como nunca antes, al gobierno de AMLO. Fue un episodio que ya marcó a su sexenio.

---

[11] Encuesta difundida el 15 de febrero de 2022 en *El Economista*.
[12] Encuesta publicada el 1º de marzo de 2022 en *El Financiero*.

ANEXO DE DOCUMENTOS

SE
SECRETARÍA DE ECONOMÍA

**Registro Público de Comercio**

Ciudad de México

GOBIERNO DE LA
CIUDAD DE MÉXICO

Constitución de Sociedad (FME: N-2017092984)

20170022659 3000K
Número Único de Documento

## M4 - Constitución de sociedad

**Sociedad mercantil**
Sociedad Anónima
**Modalidad de capital variable**

| X | Sí | | No |

| **Por Instrumento No.** | 114010 | | **Libro:** | 2618 |

| **De fecha:** | | 12/09/2017 |
| **Formalizado ante:** | | Notario Público |
| **Nombre:** | Rafael Arturo Coello Santos | **No.** | 30 |
| **Estado:** | Ciudad de México | **Municipio:** | Cuauhtémoc |

**Se constituyo la sociedad denominada (incluyendo tipo social):**
CA TWELVE, SOCIEDAD ANÓNIMA DE CAPITAL VARIABLE

| **Con duración** | 99 AÑOS |
| **Domicilio en:** | CIUDAD DE MÉXICO |
| **Entidad** | Ciudad de México | **Municipio** | No Definido/No Consta |

**Objeto social principal**

a).- Participar como socio, accionista o inversionista en toda clase de personas morales, mercantiles o de cualquier naturaleza, mexicanas o extranjeras, ya sea desde su constitución o adquiriendo acciones o participaciones en las ya constituida, así como ejercitar los derechos corporativos y económicos derivados de dicha participación y comprar, votar, vender, transmitir, enajenar, suscribir, tener, usar, gravar, disponer, permutar o rematar bajo cualquier título toda clase de acciones, partes sociales, participaciones y cuotas de toda clase de personas morales en la manera que sea permitido por la legislación aplicable. b).- Celebrar todo tipo de, convenios, contratos y documentos, incluyendo de manera enunciativa más no limitativa, de compraventa, suscripción, capitalización, fideicomiso, permuta, arrendamiento, administración, operación, franquicia, servicios, asistencia técnica, consultoría, comercialización, asociación en participación, asociación y otros. c).- Adquirir, vender, arrendar, dar y recibir en comodato, poseer, usar y explotar todo tipo de marcas, licencias, bienes inmuebles o cualquier derecho o interés relacionado con éstos. d).- Adquirir, vender, arrendar, subarrendar, dar y recibir en comodato, poseer, usar, explotar y disponer de todo tipo de oficinas, equipo, edificios, fábricas, plantas industriales, bodegas y en general todo de instalaciones así como todo tipo de bienes muebles. e).- Obtener y otorgar licencias, usar y explotar toda clase de concesiones, franquicias, permisos, licencias, sub-licencias y autorizaciones respecto de toda clase de propiedad intelectual o industrial incluyendo de manera enunciativa y no limitativa, tecnología, asistencia técnica, patentes de invención, modelos industriales, dibujos, modelos de utilidad, diseños, marcas registradas, ingeniería y derechos de autor. f).- Emiti títulos de crédito, así como llevar a cabo financiamientos, préstamos o créditos, y instrumentos de deuda, con o sin una ga la Sociedad estará autorizada para otorg corporativas) y reales (incluyendo hipotec estando autorizado para asumir obligacio obligaciones documentadas en títulos de incluyendo bienes raíces. j).- Representa

SE
SECRETARÍA DE ECONOMÍA

**Registro Público de Comercio**

Ciudad de México

GOBIERNO DE LA
CIUDAD DE MÉXICO

Constitución de Sociedad (FME: N-2017092984)

20170022659 3000K
Número Único de Documento

o fuera de los Estados Unidos Mexicanos en calidad de agente, comisionista, contratista, intermediario, factor, representante legal, mandatario o apoderado. k).- En general, llevar a cabo toda clase de actos y celebrar todo tipo de convenios, contratos y documentos, incluyendo aquellos de naturaleza civil o mercantil permitidos por las leyes vigentes, en la medida en que sea necesario o conveniente para el desarrollo del objeto social de la Sociedad.

**Capital social mínimo** 50,000.00

| X | Con expresión de valor nominal | | | Sin expresión de valor nominal |

| | | | Suscritos como sigue: | | | | | | |
|---|---|---|---|---|---|---|---|---|---|
| Nombre/ Denominación/ razón social | Primer apellido | Segundo apellido | Nacionalidad | CURP | RFC | No. acciones o partes parciales | Serie | Valor | Total |
| CAROLYN | SOLANO | ADAMS | Extranjera | SOAC831212M# | | 49 | | 1,000 | 49,000 |
| EDUARDO JOEL | ARRATIA | VINGARDI | Mexicana | AAVE850122HD | | 1 | | 1,000 | 1,000 |

**Administración**

| | Colegiada | X | Unipersonal |

**Con facultades para:**

I.- PODER GENERAL PARA PLEITOS Y COBRANZAS, el cual se otorga con todas las facultades generales y las especiales que requieran cláusula especial conforme a la ley, en los términos del primer párrafo del artículo dos mil quinientos cincuenta y cuatro en relación con el dos mil quinientos ochenta y siete del Código Civil para el Distrito Federal en vigor y sus correlativos de los Códigos Civiles de los Estados de la República Mexicana.------------------------------------Asimismo, el poder en referencia incluye enunciativa y no limitativamente facultades para: a).- Interponer y desistirse de toda clase de recursos y juicios, aún el de amparo; b).- Transigir; c).- Comprometer en árbitros; d).- Absolver y articular posiciones; e).- Hacer cesión de bienes o derechos; f).- Recusar; g).- Recibir pagos; h).- Presentar denuncias y querellas, desistirse de éstas últimas otorgando el perdón y actuar como coadyuvante del Ministerio Público; i).- Discutir, celebrar y revisar contratos de trabajo tanto individuales como colectivos; j).- Hacer las renuncias, sumisiones y convenios que fueren necesarios de acuerdo con lo previsto en el artículo veintisiete Constitucional y su legislación reglamentaria. II.- PODER GENERAL PARA ADMINISTRAR BIENES, en los términos del segundo párrafo del artículo dos mil quinientos cincuenta y cuatro del Código Civil para el Distrito Federal en vigor y sus correlativos de los Códigos Civiles de los Estados de la República Mexicana. III.- PODER GENERAL PARA EJERCER ACTOS DE DOMINIO, en los términos del tercer párrafo del artículo dos mil quinientos cincuenta y cuatro del Código Civil en vigor para el Distrito Federal y sus correlativos de los Códigos Civiles de los Estados de la República Mexicana.- IV.- PODER PARA SUSCRIBIR Y OTORGAR TÍTULOS DE CRÉDITO o por cualquier otro concepto intervenir en dicha materia, de acuerdo con lo que establece el artículo noveno fracción primera de la Ley General de Títulos y Operaciones de Crédito. V.- PODER PARA REPRESENTAR representante legal de la misma, ante toda clas Conciliación, ya sean Municipales, Locales o Fe relacionada con dicha materia con el carácter d de llegar a un convenio con los trabajadores, cc ochenta y seis, ochocientos setenta y seis, och laborales, a la etapa conciliatoria y celebrar los VI.- PODER PARA EJERCER FUNCIONES DE con las facultades más amplias de dirección y n laborales, a la etapa conciliatoria y celebrar los procedimiento laboral, en los términos que disp relativos y aplicables de dicho ordenamiento. V

| Nombre | | Apellido paterno |
|---|---|---|
| CAROLYN | | SOLANO |

SE
SECRETARÍA DE ECONOMÍA

**Registro Público de Comercio**

Ciudad de México

GOBIERNO DE LA
CIUDAD DE MÉXICO

Constitución de Sociedad (FME: N-2017092984)

20170022659 3000K
Número Único de Documento

| Nombre | Apellido paterno | | A cargo de: | | |
|---|---|---|---|---|---|
| | | Apellido paterno | Apellido materno | RFC/Fecha nac. | Nombramiento |
| CAROLYN | SOLANO | | | | |

**Órgano de vigilación conformado por:**
COMISARIO: EDUARDO JOEL ARRATIA VINGARDI

**Autorización de denominación/razón social**
Permiso de la Secretaría de Relaciones Exteriores/
Secretaría de Economía No.

| **Expediente/CUD No.** | A201706011752130743 | **Fecha:** | 01/06/2017 |

**Datos de inscripción**

| **NCI** | | **Fecha ingreso** |
| 20170022659 | | 21/11/2017 09:30:35 T.CENTRO |
| **Fecha inscripción** | | **Responsable de oficina** |
| 21/11/2017 09:30:35 T.CENTRO | | Jose Luis Flores Granados |

Acta constitutiva de la empresa CA Twelve SA de CV, creada por Carolyn Adams
y el empresario del sector petrolero Eduardo Joel Arratia Vingardi.

DIRECCIÓN CORPORATIVA DE ADMINISTRACIÓN Y SERVICIOS
SUBDIRECCIÓN DE ABASTECIMIENTO
COORDINACIÓN DE ABASTECIMIENTO PARA
EXPLORACIÓN Y PRODUCCIÓN
GERENCIA DE CONTRATACIONES PARA MANTENIMIENTO,
CONFIABILIDAD Y LOGÍSTICA MARINA

CONVENIO MODIFICATORIO NÚMERO UNO
CONTRATO No. 640218810.

El presente Convenio se firma en triplicado en Ciudad del Carmen, Campeche, el día **30** de **agosto** del año **2019**.

**EN REPRESENTACIÓN DE:**

PEMEX EXPLORACIÓN Y PRODUCCIÓN

BAKER HUGHES DE MÉXICO, S. DE R.L.
DE C.V./BH SERVICES, S.A. DE
C.V./BAKER HUGHES OPERATIONS
MÉXICO, S.A. DE C.V.

235

**Roberto Pabón Esponda**
Apoderado Legal

**Francisco Chavela Gómez**
Apoderado Legal

**Revisión Administrativa**

**Revisión Técnica**

**Alejandro Flores Torres**
Gerente de Contrataciones para
Mantenimiento, Confiabilidad y
Logística Marina

**Héctor Osorio Herrera**
Gerencia de Servicios de Perforación e
Intervenciones de Pozos Marinos,
Administrador del Proyecto

Revisó: Aída Edith Arévalo Domínguez, Subgerencia de Procura de Logística Marina

Elaboró: José Juan Cruz Heredia, Superintendencia de Seguimiento y Control de Contratos de Logística Marina

Área de Adscripción: Subgerencia de Procura de Logística Marina

ÚLTIMA HOJA DEL CONVENIO MODIFICATORIO No UNO DEL CONTRATO No. 640218810, CELEBRADO ENTRE PEMEX EXPLORACIÓN Y BAKER HUGHES DE MÉXICO, S. DE R.L. DE C.V./BH SERVICES, S.A. DE C.V./BAKER HUGHES OPERATIONS MÉXICO, S.A. DE C.V.

6

Un contrato con Baker Hughes firmado en el último año de Peña Nieto debió concluir el 31 de diciembre de 2019, pero antes de la fecha de vencimiento —cuando José Ramón ya ocupaba "La Casa Gris"— Pemex otorgó una ampliación y luego vinieron tres más. Al final, el contrato original de 66 millones de dólares se elevó a 343 millones de dólares.

Contrato "A" No. 645019825
Proveedor: **Baker Hughes de México, S. de R.L. de C.V.,**
**B.H. Services, S.A. de C.V.,**
**Baker Hughes Operations México, S. de R.L. de C.V. (Propuesta conjunta)**

## CONTRATO PARA SERVICIOS

El **Contrato para Servicios** (en adelante Contrato) se celebra a los **19** días del mes de **agosto** de **2019** entre **Pemex Exploración y Producción** a quien en lo sucesivo se le denominará **PEP**, representada por el **C. Roberto Patlán Esponda**, en su carácter de **Apoderado Legal** de **PEP** y las empresas denominadas Baker Hughes de México, S. de R.L. de C.V. / B.H. Services, S.A. de C.V. / Baker Hughes Operations México, S. de R.L. de C.V. (En Propuesta conjunta), a quienes en lo sucesivo se les denominará el **PROVEEDOR**, representadas por el C. Francisco Chavela Gómez, en su carácter de Apoderado Legal, al tenor de las declaraciones y cláusulas siguientes.

## D E C L A R A C I O N E S

**A. PEP declara, a través de su apoderado, que:**

I. Es una empresa productiva del Estado subsidiaria de Petróleos Mexicanos, con personalidad jurídica y patrimonio propios, que tiene como finalidad generar valor económico y rentabilidad para el Estado Mexicano y tiene por objeto exclusivo la exploración y extracción del petróleo y de los carburos de hidrógeno sólidos, líquidos o gaseosos, en el territorio nacional, en la zona económica exclusiva del país y en el extranjero, en términos del artículo 2 de su Acuerdo de Creación, publicado en el Diario Oficial de la Federación el 28 de abril de 2015 y de la Declaratoria de entrada en vigor de dicho Acuerdo de Creación, aprobada por el Consejo de Administración de Petróleos Mexicanos en Sesión 890 Extraordinaria, celebrada el 22 de mayo de 2015, mediante Acuerdo número CA-094/2015 y publicada en el Diario Oficial de la Federación el 29 de mayo de 2015; la adecuación al Acuerdo de Creación, aprobada por el Consejo de Administración de Petróleos Mexicanos en Sesión 901 Extraordinaria, celebrada el día 13 de noviembre de 2015 mediante Acuerdo número CA-224/2015, publicada en el Diario Oficial de la Federación el 29 de diciembre de 2015; la adecuación al Acuerdo de Creación, aprobada por el Consejo de Administración de Petróleos Mexicanos en Sesión 907 Ordinaria, celebrada el día 27 de abril de 2016, mediante Acuerdo número CA-032/2016, publicada en el Diario Oficial de la Federación el 12 de mayo de 2016; la adecuación al Acuerdo de Creación aprobada por el Consejo de Administración de Petróleos Mexicanos, en Sesión 944 Extraordinaria celebrada el día 24 de junio de 2019, mediante Acuerdo número CA-078/2019 publicado en el Diario Oficial de la Federación el día 28 de junio de 2019, que entró en vigor el día 1° de julio de 2019. Para el cumplimiento de su objeto puede celebrar con personas físicas o morales toda clase de actos, convenios y contratos o cualquier acto jurídico permitido por la legislación mercantil y común de conformidad con los artículos 6°, 7° y 60 de la Ley de Petróleos Mexicanos, publicada en el Diario Oficial de la Federación el 11 de agosto de 2014.

II. **Roberto Patlán Esponda**, acredita su personalidad y facultades en su carácter de Apoderado Legal de PEP, mediante el testimonio de la Escritura Pública No.41,392 de fecha 9 de enero de 2019, otorgada ante la fe del Notario Público No. 80 de la Ciudad de México, Lic. Mario Rischia Velázquez, en términos de los Artículos Quinto Transitorio, 23 fracción VI y 33 fracción I, del Estatuto Orgánico de Petróleos Mexicanos, publicado en el Diario Oficial de la Federación el 28 de junio de 2019, mismas que no le han sido revocadas, limitadas o modificadas en forma alguna a la fecha de firma del presente instrumento.

III. Para la celebración del Contrato ha obtenido todas las aprobaciones previstas por la Ley de Petróleos Mexicanos, su Reglamento y las Disposiciones Generales de Contratación para Petróleos Mexicanos y sus Empresas Productivas Subsidiarias.

3

El 19 de agosto de 2019, Pemex firmó un contrato por 85 millones de dólares con Baker Hughes, el mismo mes en que el hijo de AMLO ocupó la casa en Houston de un alto ejecutivo de esa compañía de servicios petroleros.

**PEMEX** ®

DIRECCIÓN CORPORATIVA DE ADMINISTRACIÓN Y SERVICIOS
SUBDIRECCIÓN DE ABASTECIMIENTO
COORDINACIÓN DE ABASTECIMIENTO PARA EXPLORACIÓN Y PRODUCCIÓN
GERENCIA DE CONTRATACIONES PARA SERVICIOS A LA EXPLOTACIÓN Y PERFORACIÓN

CONVENIO MODIFICATORIO NÚMERO SIETE
CONTRATO No. 641007800

**NOVENA.** - Subsisten sin variación alguna todas las disposiciones del Contrato y sus Anexos, así como, todas las modificaciones contractuales pactadas con anterioridad al presente instrumento, en todo aquello que no haya sido modificado a través de este Convenio Modificatorio, por lo cual deberá entenderse en los términos pactados en éstos.

El presente Convenio, se firma en tres ejemplares en la Ciudad de Villahermosa, Tabasco, el día **2** del mes de **diciembre** del año **2021.**

### EN REPRESENTACIÓN DE:

**PEMEX EXPLORACIÓN Y PRODUCCIÓN**

**BAKER HUGHES DE MÉXICO, S. DE R.L DE C.V. / B.H. SERVICES, S.A DE C.V. / BJ SERVICES COMPANY MEXICANA, S.A. DE C.V.**

915

**Roberto Patlán Esponda**
Apoderado Legal

**Sr. Gaspar Arteaga Ruz**
Apoderado Legal

**REVISIÓN ADMINISTRATIVA**

**REVISIÓN TÉCNICA**

**Ma. Luz Lozano Rodríguez**
S.P.A del Titular de la Gerencia de
Contrataciones para Servicios a la Explotación y
Perforación

**Esteban Ernesto Espinosa Zamudio**
S.P. A del Titular del Gerente de Servicios de
Perforación e Intervenciones a Pozos Marinos
de Pemex Exploración y Producción

**Revisión Jurídica**
Otorgada a través del oficio
DJ-SJCC-GCCA-VHSA-582-2021

Supervisó: Arq. Hell Eduardo González Cerón. - S..P. A de la Subgerencia de Contratación para Perforación y Servicio a Pozos.
Revisó: Lic. Ana María López de la Vega. - E..D. de la Superintendencia de Seguimiento y Control de Contratos de Suministros.
Elaboró: Lic. José Antonio Magaña Madrigal - Superintendencia de Seguimiento y Control de Contratos de Suministros.

ÚLTIMA HOJA DEL CONVENIO MODIFICATORIO SIETE DEL CONTRATO No. 641007800, CELEBRADO ENTRE PEMEX EXPLORACIÓN Y PRODUCCIÓN Y BAKER HUGHES DE MÉXICO, S. DE R.L. DE C.V. / B.H. SERVICES, S.A DE C.V. / BJ SERVICES COMPANY MEXICANA, S.A. DE C.V.

12

Un contrato en pozos petroleros en alta mar por 356 millones de dólares, que concluía el 21 de octubre de 2019, fue ampliado por Pemex días antes del vencimiento y en los años siguientes se multiplicó a 684 millones de dólares.

| GOBIERNO DE MÉXICO | PEMEX | Coordinación de Abastecimiento para Exploración y Producción<br>Gerencia de Contrataciones para Servicios a la Explotación<br>y Perforación |

**Anexo DD**
**"Medidas de Mitigación de Riesgos de Debida Diligencia"**
**BAKER HUGHES DE MÉXICO S. DE R.L. DE C.V.**

En términos del apartado III.1.6.2, inciso b, de las Políticas y Lineamientos para el Desarrollo de la Debida Diligencia en Petróleos Mexicanos, sus Empresas Productivas Subsidiarias y, en su caso, Empresas Filiales, en materia de Ética e Integridad Corporativa vigente y derivado de la opinión Jurídica de la Debida Diligencia emitida por la Gerencia Jurídica de Cumplimiento Legal y Transparencia (GJCLT), el Líder de Proyecto en la Gerencia de Contrataciones para Servicios a la Explotación y Perforación, llevó a cabo la aplicación de la Debida Diligencia a la Empresa: BAKER HUGHES DE MÉXICO S. DE R.L. DE C.V.

Como resultado de la aplicación del proceso de Debida Diligencia, se determinó:

- *La viabilidad Condicionada de celebrar y/o continuar acuerdos comerciales con:*

**BAKER HUGHES DE MÉXICO S. DE R.L. DE C.V.**
**(Riesgo Definitivo de Especial Relevancia)**

El TERCERO se obliga a dar cumplimiento a la(s) medida(s) de mitigación (*MMRDD) adoptadas por PEP, en términos de lo ordenado por las PyLDD, mismas que forman parte del Acuerdo Comercial correspondiente, siendo la(s) siguiente(s):

1. Implementación de un Programa de Cumplimiento durante la vigencia del Acuerdo Comercial.

*El Tercero deberá manifestar el compromiso de mantener vigente y fortalecer un Programa de Cumplimiento con los requisitos y alcances que se detallan en el Anexo PC que se adjunta para pronta referencia.*

*La manifestación de referencia debe ser presentada a la brevedad a esta Subgerencia y estar firmada por la Representante Legal de la empresa.*

*El Programa de Cumplimiento en que conste que se han integrado los requisitos mínimos que se describen en la opinión y se le hacen de conocimiento mediante el Anexo PC, debe presentarse a esta Subgerencia en un plazo de 30 días naturales a partir de la firma del Acuerdo Comercial.*

---

| GOBIERNO DE MÉXICO | PEMEX | Coordinación de Abastecimiento para Exploración y Producción<br>Gerencia de Contrataciones para Servicios a la Explotación<br>y Perforación |

**Anexo DD**
**"Medidas de Mitigación de Riesgos de Debida Diligencia"**
**BAKER HUGHES DE MÉXICO S. DE R.L. DE C.V.**

2. En un plazo no mayor a 30 días naturales contados a partir de la firma del Acuerdo Comercial, proporcionar al Líder de Proyecto:

*1 Presentar manifiesto bajo protesta de decir verdad, aclarando las notas adversas relacionadas en el apartado VI. numeral 8, declarando si es o ha sido objeto de investigaciones o sanciones con motivo de los asuntos difundidos en dichas notas. Si de la aclaración fueran afirmativos los señalamientos en contra del Tercero, el Líder de Proyecto deberá de considerar que el riesgo es de Especial Relevancia y en consecuencia deberá reportarlo a la GJCLT para que se determinen las acciones procedentes.*

*"VI. Resultados del Procedimiento de Debida Diligencia.*

*8) De la búsqueda realizada por la GJCLT, se identificaron las siguientes noticias adversas:*

https://expansion.mx/empresas/2016/04/06/eu-presentara-demanda-para-frenar-la-fusion-halliburton-baker-hughes-fuente
*EU presenta demanda para bloquear fusión de Halliburton y Baker Hughes*
*La demanda que interpuso el Departamento de Justicia de EU podría frustrar el acuerdo para fusionar a la segunda y la tercera compañía de servicios petroleros.*
*El Departamento de Justicia de Estados Unidos presentó este miércoles una demanda para frenar la fusión entre Halliburton y Baker Hughes, argumentando que la combinación entre ambas compañías proveedoras de servicios petroleros afectará la competencia en el sector.*
*El acuerdo, valuado en 35,000 millones de dólares (mdd) cuando fue anunciado en noviembre del 2014, eliminaría la competencia en 23 productos o servicios para la producción y exploración de crudo en Estados Unidos, tanto en tierra como mar adentro, dijo el Departamento de Justicia en un comunicado.*

https://lenozentella.com.mx/cochinero-en-baker/
*¡COCHINERO EN BAKER!*
*LA TRASNACIONAL RESULTÓ EN UNA DEFRAUDADORA SISTEMÁTICA DE PEQUEÑOS PROVEEDORES*
*Muy graves son los resultados de la Reforma Energética que no sólo no cumplió con lo que se le prometió a los mexicanos en el corto plazo -el litro de gasolina ya rebasó los 20 pesos en algunas plazas y la luz y gas registran aumentos mensuales- sino que se desplazó a la mano de obra mexicana -miles de despedidos en PEMEX- y las compañías mexicanas están viviendo la era de la extinción con la llegada de empresas trasnacionales que traen el mínimo de personal y tecnología automatizada, pero que además, no conformes con esto abusan con los pocos contratos que dan a proveedores locales y se creen los dueños de México al incumplir con los pagos ilegalmente y a todas luces, llevando los procesos a la larga cooptando en muchas ocasiones a las instancias legales que operan dentro de un marco jurídico cada vez más a fin a los intereses de las trasnacionales...*

*Este es el caso de la internacional BAKER HUGHES DE MÉXICO S. de R.L. de C.V./PEMEX versus VIGILANCIA Y PROTECCIÓN PRIVADA DEL SURESTE S.A. de C.V. Mexicana...BAKER ya tenía chamba en el país antes de la Reforma Energética y ya había sido denunciada en este espacio en febrero de 2017 por el fraude sistemático a PEMEX cambiando conceptos de contratos y desfalcando las arcas de la entonces paraestatal y quedando mal a proveedores indefensos ante este gigante, que también el año pasado fue absorbido por la multinacional GENERAL ELECTRIC en su rama petrolera, pero conservando su nombre..."*

Pemex condicionó en noviembre de 2021 la ampliación de un contrato a Baker Hughes, a cambio de que la compañía suscribiera compromisos para mitigar riesgos de corrupción.

GOBIERNO DE
MÉXICO   PEMEX

Coordinación de Abastecimiento para Exploración y Producción
Gerencia de Contrataciones para Servicios a la Explotación y Perforación

## Anexo DD
### "Medidas de Mitigación de Riesgos de Debida Diligencia"
### BH SERVICES, S.A DE C.V.

**2. En un plazo no mayor a 30 días naturales contados a partir de la firma del Acuerdo Comercial, proporcionar al Líder de Proyecto:**

1. Presentar manifiesto de liberación en paz a Pemex y sus empresas, de cualquier responsabilidad derivada del juicio laboral en el que se le relaciona (inciso i del Numeral VI).

"*VI. Resultados del Procedimiento de Debida Diligencia en términos del Lineamiento III.1.5.2 de las PyLDD.*

*i) La GJCLT realizó consulta de información a la Unidad de Estadística Jurídica adscrita a la Dirección Jurídica, informándose que se encontró registrado UN JUICIO LABORAL VIGENTE a cargo de la Gerencia Jurídica Región Noreste donde la empresa BH SERVICES, S.A. DE C.V. es parte (expediente: 00690/2019-44, Junta 44 radicada en Poza Rica, Veracruz, Contratista: Operaciones Petroleras Soledad/ BH Services SA DE CV).*

2. Presentar manifiesto bajo protesta de decir verdad, declarando si es o ha sido objeto de investigaciones o sanciones con motivo de los asuntos difundidos en las notas adversas relacionadas en el inciso h. del Numeral VI. Si de la aclaración fueran afirmativos los señalamientos en contra del Tercero, en virtud de que el nivel de riesgo definitivo es de Especial Relevancia, el Líder de Proyecto deberá reportarlo a la GJCLT, para que se determinen las acciones procedentes.

"*VI. Resultados del Procedimiento de Debida Diligencia en términos del Lineamiento III.1.5.2 de las PyLDD.*

*h) El Líder de Proyecto no localizó notas mediáticas adversas que involucran al Tercero, sus accionistas o al beneficiario final. Sin embargo, la GJCLT realizó nueva búsqueda en los sitios públicos de noticias, detectándose notas que indican lo siguiente:*

*1. Comisión de Valores de los Estados Unidos de América (SEC):*

*https://www.sec.gov/news/press/2007/2007-77.htm*
*26-abril-2007.- 2007-77.- SEC Charges Baker Hughes With Foreign Bribery and With Violating 2001 Commission Cease-and-Desist Order. Baker Hughes Subsidiary Pleads Guilty to Three Felony Charges in Criminal Action Filed by Department of Justice: Criminal Fines, Civil Penalties and Disgorgement of Illicit Profits Total More Than $44 Million. The Securities and Exchange Commission today announced the filing of a settled enforcement action charging Baker Hughes Incorporated, a Houston, Texas-based global provider of oil field products and services, with violations of the Foreign Corrupt Practices Act (FCPA). Baker Hughes has agreed to pay more than $23 million in disgorgement and prejudgment interest for these violations and to pay a civil penalty of $10 million for violating a 2001 Commission cease-and-desist Order prohibiting violations of the books and records and internal controls provisions of the FCPA.*

*NOTA GJCLT: La SEC acusa a Baker Hughes de soborno en el extranjero y de violar la orden de cese y desistimiento de la Comisión de 2001. La subsidiaria de Baker Hughes se declara culpable de tres cargos de delito mayor en acción criminal presentados por el Departamento de Justicia: las multas penales, sanciones civiles y la devolución de ganancias ilícitas suman más de $ 44 millones. Baker Hughes acordó pagar más de $23 millones en intereses de devolución y por perjuicios causados por estas violaciones y pagar una multa civil de $10 millones por violar una Orden de cese y desistimiento de la Comisión de 2001 que prohíbe las violaciones de los libros y registros y las disposiciones de controles internos de la FCPA.*

*https://www.sec.gov/litigation/litreleases/2007/lr20094.htm*
*26-abril-2007.- U.S. SECURITIES AND EXCHANGE COMMISSION Litigation Release No. 20094.-*
*SEC v. Baker Hughes Incorporated and Roy Fearnley, Civil Action No. H-07-1408, United States District Court for the Southern District of Texas (Houston Division) (EW) (Filed April 26, 2007)*
*SEC Charges Baker Hughes With Foreign Bribery and With Violating 2001 Commission Cease-and-Desist Order*

Página 2 de 11

---

GOBIERNO DE
MÉXICO  PEMEX

Coordinación de Abastecimiento para Exploración y Producción
Gerencia de Contrataciones para Servicios a la Explotación y Perforación

### Anexo DD
### "Medidas de Mitigación de Riesgos de Debida Diligencia"
### BH SERVICES, S.A DE C.V.

*Baker Hughes Subsidiary Pleads Guilty to Three Felony Charges in Criminal Action Filed by Department of Justice: Criminal Fines, Civil Penalties and Disgorgement of Illicit Profits Total More Than $44 Million*

*On April 26, 2007, the Securities and Exchange Commission filed a settled enforcement action in the United States District Court for the Southern District of Texas charging Baker Hughes Incorporated, a Houston, Texas-based global provider of oil field products and services, with violations of the Foreign Corrupt Practices Act ("FCPA"). Baker Hughes has agreed to pay more than $23 million in disgorgement and prejudgment interest for these violations and to pay a civil penalty of $10 million for violating a 2001 Commission cease-and-desist Order prohibiting violations of the books and records and internal controls provisions of the FCPA. In the Matter of Baker Hughes Incorporated, Admin. Proc. No. 3-10572 (September 12, 2001). In the same complaint, the SEC also charged Roy Fearnley, a former business development manager for Baker Hughes, with violating and aiding and abetting violations of the FCPA. Fearnley has not reached any settlement with the Commission regarding these charges.*
*The SEC's complaint alleges that Baker Hughes paid approximately $5.2 million to two agents while knowing that some or all of the money was intended to bribe government officials, specifically officials of State-owned companies, in Kazakhstan. The complaint alleges that one agent was hired in September 2000 on the understanding that Kazakhoil, Kazakhstan's national oil company at that time, had demanded that the agent be hired to influence senior level employees of Kazakhoil to approve the award of business to the company. Baker Hughes retained the agent principally at the urging of Fearnley. According to the complaint, Fearnley told his bosses that the "agent for Kazakhoil" told him that unless the agent was retained, Baker Hughes could "say goodbye to this and future business." Baker Hughes engaged the agent and was awarded an oil services contract in the Karachaganak oil field in Kazakhstan that generated more than $219 million in gross revenues from 2001 through 2006. Baker Hughes, the complaint alleges, paid the agent $4.1 million to its bank account in London and received no identifiable services from the agent. The complaint also alleges that in 1998 Baker Hughes retained a second agent in connection with the award of a large chemical contract with KazTransOil, the national oil transportation operator of Kazakhstan. Between 1998 and 1999, Baker Hughes paid over $1 million to the agent's Swiss bank account, despite a company employee knowing by December 1998 that the agent's representative was a high-ranking executive of KazTransOil.*
*The SEC's complaint against Baker Hughes also alleges violations of the books and records and internal controls provisions of the FCPA in Nigeria, Angola, Indonesia, Russia, Uzbekistan and Kazakhstan. In addition to violating the FCPA, certain of this conduct occurred after September 12, 2001, and consequently violated the Commission's 2001 cease-and-desist Order. Specifically, the complaint alleges that between 1998 and 2005, Baker Hughes made payments in Nigeria, Angola, Indonesia, Russia, Uzbekistan and Kazakhstan in circumstances that reflected a failure to implement sufficient internal controls to determine whether the payments were for legitimate services, whether the payments would be shared with government officials, or whether these payments would be accurately recorded in Baker Hughes' books and records.*

*NOTA GJCLT: El 26 de abril de 2007, la SEC presentó una acción de ejecución resuelta en el Tribunal de Distrito de los Estados Unidos para el Distrito Sur de Texas acusando a Baker Hughes Incorporated, un proveedor global de productos y servicios de campos petroleros con sede en Houston, Texas, por violaciones de la Ley de Prácticas Corruptas en el Extranjero ("FCPA"). Baker Hughes acordó pagar más de $23 millones en intereses de devolución y por pago de perjuicios causados por estas violaciones y pagar una multa civil de $10 millones por violar una Orden de cese y desistimiento de la Comisión de 2001 que prohíbe las violaciones de los libros y registros y las disposiciones de controles internos de la FCPA. Esto se encuentra relacionado con los pagos realizados por Baker Hughes en: Nigeria, Angola, Indonesia, Rusia, Uzbekistan y Kazajstán.*

*2. Reportadas por otros medios:*

*https://www.traceinternational.org/TraceCompendium/Detail/5?type=1*
*Consultado el-octubre- 2021.- Over the course of approximately two years, BHSI, a wholly-owned subsidiary of Baker Hughes, paid over USD 4.1 million to an intermediary whom BHSI understood and believed would transfer all or a part of the payments to officials of the Karakh state-owned oil company, Kazakhoil, in exchange for which Baker Hughes and BHSI would receive a contract to provide services in support of the Karachaganak oil-field project. Specifically, in or about 1997, the Government of Kazakhstan and Kazakhoil entered into an agreement with a consortium of four*

Página 3 de 11

En el convenio condicionado se enlistaron actos de corrupción en los que Baker Hughes se ha visto involucrada en el extranjero, así como acusaciones en México.

BAKER HUGHES a GE company

This JOINT VENTURE AGREEMENT (this "**Agreement**"), effective as of June 6, 2019 (the "**Effective Date**"), is entered into by and between C3 IoT, Inc. d/b/a C3.ai, a Delaware corporation, with its principal place of business at 1300 Seaport Boulevard, Suite 500, Redwood City, CA, 94063 USA ("C₃.ai"), and Baker Hughes, a GE company, LLC ("**BHGE**") (each of C3.ai and BHGE, a "**Party**" and together, the "**Parties**").

WHEREAS, C3.ai is a software provider for developing, deploying, and operating AI, predictive analytics, and IoT applications;

WHEREAS, BHGE is a leading oilfield industrial services, equipment, and digital services company;

WHEREAS, C3.ai and BHGE wish to accelerate the global enterprise digital transformation in the oil and gas industry by collaborating in the promotion, marketing, distribution, sale, and delivery of C3.ai's products and services to oil and gas enterprise end customers;

WHEREAS, the Parties are entering into this Agreement to appoint BHGE to promote, market, distribute, and resell C3.ai's software and services to BHGE's customers worldwide, as specified in this Agreement; and

WHEREAS, to achieve success, each Party agrees to make significant operational investments and commitments, including certain technology development by C3.ai, and the efforts of, and management by BHGE of, BHGE's marketing and sales organizations committed to selling C3.ai's offerings, as specified in this Agreement.

NOW, THEREFORE, for good and valuable consideration, the receipt and sufficiency of which the Parties hereby acknowledge, the Parties agree as follows:

1. **CERTAIN DEFINITIONS**

1.1 "**Affiliate**" or "**Affiliated**" means any entity that directly or indirectly Controls, is Controlled by, or is under common Control with, the subject entity. "**Control**," for purposes of this definition, means direct or indirect ownership or control of more than 50% of the voting interests of the subject entity; provided that, for the purposes of this Agreement, references to BHGE's "Affiliates" shall be deemed to exclude General Electric Company and its subsidiaries that are not BHGE's subsidiaries.

1.2 "**Anti-Corruption Laws**" has the meaning as set forth in Section 13.4.

1.3 "**Approved Partners**" has the meaning as set forth in Section 2.2.

1.4 "**BHGE/C3 Brand**" has the meaning as set forth in Section 4.2.

1.5 "**BHGE Exclusivity**" has the meaning as set forth in Section 2.2.

1.6 "**BHGE Field**" means the worldwide oil and gas market that includes upstream, midstream, downstream, distribution, petrochemical, liquid natural gas and fertilizer industries as of the Effective Date of this Agreement, including companies engaged in the following activities: (a) drilling, evaluation, processing, completion and/or production, (b) compression and/or boosting liquids, and (c) pipeline inspection and/or integrity management.

1.7 "**BHGE Indemnified Parties**" has the meaning as set forth in Section 10.2(a).

1.8 "**BHGE Marks**" has the meaning as set forth in Section 8.2(b).

1.9 "**BHGE Offerings**" has the meaning as set forth in Section 3.1(a).

1.10 "**BHGE Provided Technology**" has the meaning as set forth in Section 8.4.

Acuerdo de Joint Venture o coinversión reportado a la SEC por Baker Hughes y la empresa de inteligencia artificial C3.Ai, cuyo aliado estratégico en México es SCAP SA de CV, propiedad de Eduardo Joel Arratia, socio de Carolyn Adams.

# SCAP

Address:

Leibnitz No. 187, Col. Nueva Anzures, México, D.F.

C.P. 11590

Website : www.scap.com.mx

Contact:

Eduardo Arratia Vingardi

Vicepresident

Email: earratia@scap.com.mx

Phone: +525525815560

Mobile: +521554373-6922

# Who are we?

*The right PEOPLE/ The right TECH*

International multiservice company based in Mexico, focused in the oil and gas industry for E&P, refining and basic petrochemicals. Main business areas are construction, automation, IT, measurement, control and surveillance. Our clients include multinational companies such as Baker Hughes, GE, ExxonMobil, John Deere, Chevron, and Odebrecht as well as main national companies in various sectors such as PEMEX, CFE, Altex, Oxxo, SAGARPA, COMIMSA, Protexa.

En un documento elaborado por Proméxico en 2015, con motivo de un encuentro de negocios en Alemania, se menciona que SCAP tenía entre sus clientes a Odebrecht y a Baker Hughes.